中公新書 1622

高橋 崇著

奥州藤原氏

平泉の栄華百年

中央公論新社刊

奥州藤原氏　目次

第一章　奥州藤原氏最期の日

1　平泉館炎上、主は逐電

歴史の終った日

『吾妻鏡《あずまかがみ》』は文治《ぶんじ》五年（一一八九）八月二十一日条に、以下のように記した。

甚だしく雨ふり暴風なり。（中略）泰衡《やすひら》、平泉館《ひらいずみのたち》を過ぎ、なお逃亡す。こと急にして自宅の門前を融《とお》るといえども、暫時《ざんじ》も逗留《とうりゅう》すること能《あた》わず。纔《わず》かに郎従ばかりを件《くだん》の館内に遣《つか》わし、高屋《たかや》、宝蔵等に火を縦《はな》つ。杏梁《きょうりょう》桂柱《けいちゅう》の構え、三代の旧跡を失い、麗金昆《れいきんこん》玉《ぎょく》の貯え、一時に薪灰《しんかい》となる。（以下、右の記事について、いうならば論評記事が続く。それは、一一頁で(イ)とした引用文である）

この日をもって、平泉（岩手県南部）を拠点として奥羽に君臨していた奥州《おうしゅう》藤原氏百年の歴史は、事実上、閉じられてしまったのである。

その終焉《しゅうえん》に至った理由、経緯などを知るためにも、文治五年のこの日までに起こった同氏に関係する出来事を簡単にさらっておくことにする。

平泉には、すでに源頼朝《みなもとのよりとも》に嫌われ反逆者と位置付けられていた異母弟源義経《よしつね》が身を寄せており、頼朝はしきりに義経追討を藤原泰衡に命じた。泰衡はついにその圧力に耐えかね、閏《うるう》四月三十日（あるいは二十九日とも）、亡父秀衡《ひでひら》の遺命に背き義経を襲い自害させた。

その源氏であるが、実は、頼朝の五代前の頼義《よりよし》以来、奥羽での覇権《はけん》確立を目指すがかって成就《じょうじゅ》したことがなく、そのため、それが代々の宿意《しゅくい》――覇権確立を年来の願望、宿願としながら、その一方でその達成がままならぬことへの恨みの気持ち――として受け継がれてきていた。頼朝も、もちろん、それを意識し公言していた。

閏四月に、泰衡が義経を討ったことになるから、事実上、義経問題はそれで解決したことになるのであるが、頼朝は源氏相伝の宿意を遂げる絶好の機会到来とし、何かと口実を設けて泰衡追討の軍を発した。軍勢は七月十九日に鎌倉を発向した。

こうして『吾妻鏡』のいう「奥州征伐」（同書は、文治五年六月以降この表現を使用し、同六年〈四月十一日建久《けんきゅう》改元〉になると、なぜか「奥州合戦」とも記すようになる。表現を変えても事の本質は変わらない）がはじまった。鎌倉勢の平泉へ迫る速度は速く、八月七日、泰衡は陸奥《むつ》国宮城《みやぎ》郡国分原鞭楯《こくぶがはらむちたて》（仙台市榴《つつじ》ヶ岡《おか》）に布陣していたが、以後、北へ北へと敗走し二十一日に至ったのである。

もはや、平泉方の敗色濃厚、いや、敗北必至といった方がよい。その状況を悟った泰衡は邀撃《ようげき》を諦めて北走、平泉の町もただ通り過ぎるだけという慌ただしさであったが、辛うじて郎従を平泉館に差し向けることができ、高屋、宝蔵などに放火するよう命じた。
こうして平泉館は炎上し、倉庫一棟を残し灰燼《かいじん》に帰したという。それが二十一日の何刻頃《なんどき》のことであったか、不明である。

ところで、なぜ、泰衡は平泉館放火を命じたのであろうか。泰衡は、自宅に少しの間もとどまることができなかったにもかかわらず、「纔かに郎従ばかりを件の館内に遣わし、云々《うんぬん》」とあった点に注目したい。もしこれが泰衡のその折の心情を正確に言い当てていたとするならば、慌ただしく北を目指して逃走せねばと心急《せ》くのに、「辛うじて」「どうにか」「やっと」平泉館放火だけは実行しえた、という印象を強く受けるのである。

こう推量することに誤りがなければ、泰衡は、平泉館だけは無傷のまま頼朝には絶対に渡したくないと考えたからに相違ないという結論に至るであろう。この考えをさらに推し進めると、平泉館は奥州藤原氏にとって最重要な拠点、建物であったからとなるであろう。その証拠になる史料がある。

では、泰衡は平泉館放火をいつ考えたのであろうか。当日、とっさの判断でということも考えられないことはないが、あるいは、前記したように、放火だけはできた、という解釈をとれば、八月に入り、日に日に、平泉方劣勢を察した段階でひそかに決意したのかもしれない、と思えるのであるが……。

平泉館は奥州藤原氏のいわば行政府であったから、最重要拠点であったといったのである。以下の史料がそのことを伝えてくれるであろう。

平泉館炎上に際し同館にあった「奥州、羽州《うしゅう》（陸奥国と出羽国）の省帳《しょうちょう》、田文《たぶみ》已下の文書《もんじょ》」も焼失したという（『吾妻鏡』文治五年九月十四日条。以下、同書からの引用は多いので、同書引用に限り、年月日などの日付条のみ記した）。

省帳、田文とは、簡単にいえば共に土地台帳である（省帳〈図帳ともいう〉は民部省図帳《みんぶしょうずちょう》のことで国郡の田畑、四至《しいし》牓示《ぼうじ》〈土地の四方の境界標示〉などを示した図。田文も国内の田地面積、町段などを記した）。こうした文書類が平泉館に存在していたという事実は、同館が行政府でもあったことを如実に示していたといってよい。

奥州藤原氏がこうした奥羽統治のためにもった中心機関が炎上、消滅し、その上、主《あるじ》たる泰衡はその立場も職務もすべてを放棄して行方をくらましてしまったのである。そして彼は、二度と生きて平泉へ戻ることはなかった（泰衡は九月三日に殺害された）。

つまり、泰衡は、自らの手で奥州藤原氏百年の歴史の幕を文治五年八月二十一日に閉じてしまった、といわざるをえないのである。

その日を太陽暦に換算すると十月十日になる（『三正綜覧《さんせいそうらん》』）。

以上、二十一日の記事から、平泉館炎上の事実、放火を命じた泰衡の意図、平泉館の機能などを確認した。なお、同日の記事から、平泉館についてなお知りうるところもあるので指摘しておきたい。

㈠　郎従を「館内」に派遣したと記し、「館内」には「高屋、宝蔵等」の存在が知られた。こうした記述から、平泉館とはたとえば塀・垣・土塁などで区画された一定範囲の呼称であること（これを広義の平泉館ということにする）が判るし、同時に「館内」に平泉館と呼ばれる建物の存在も考えてよい（狭義の平泉館である）。そこに、あるいは別棟ということも考えうるが、重要書類などが保管されていた可能性があろう。

㈡　「杏梁桂柱の構え」という。杏は「あんず」、梁《はり》は家の棟《むね》を支える横木、桂は「かつら」、柱は屋根や梁を支えるはしら、要するに、平泉館（狭義）はかくも立派な家屋、建物といいたいのであろうが、実態は不明である。結局、修飾語にすぎない。

㈢　「三代の旧跡を失い」とあった。平泉館焼失をこのようにいうのであるから、同館は三代（清衡《きよひら》・基衡《もとひら》・秀衡）共通の居館、政庁であったことを示しているとなるのではなかろうか。それとも、平泉館焼失が三代の歴史を跡形もなく消した、という意味でいっているのであろうか。

気になるのは、後述するが二十二日の記事に、平泉館炎上の結果「累跡《るいせき》の郭内《かくない》（外囲い内部）は、あまねく滅して地あるのみ」とある点で、累跡とは三代の別表現にほかならないから、これは二十一日条の㈢と同じ考え方を主張しているといえよう。『吾妻鏡』編者の手元に集められた平泉館関係の情報は少なくなかったはずである。そのなかには、現地の人々から収集した情報も含まれていたに違いないが、結局は編者の判断で右で推察したような記述になったのである。しかし、それが事実かどうかとなると、問題は残ろう。

㈣「麗金昆玉の貯え」も薪灰になったという。宝蔵が幾棟あったかは知らぬが右は事実であった。奥州藤原氏の莫大なる財宝については後述する。

源頼朝、平泉に入る

頼朝は、平泉館炎上の光景をみてはいない。彼が、はじめて平泉へ足を踏み入れるのは翌二十二日の夕景であったからである。

そこで、『吾妻鏡』の二十二日の記事を引く（同日条はかなりの長文であるので、内容および叙述の都合で四区分する）。

㈠　甚だしく雨、申《さる》の刻《こく》（午後四時）、泰衡の平泉館に著御《ちゃくぎょ》す。主はすでに逐電《ちくでん》し、家はまた烟《けむり》と化し、数町の縁辺《えんぺん》は、寂寞《じゃくまく》として人無し。累跡の郭内は、あまねく滅して地あるのみ。ただ颯々《さつさつ》たる秋風、幕《とばり》に入るの響を送るといえども、蕭々《しょうしょう》の夜雨、窓を打つの声を聞かず。但《ただ》し坤《ひつじさる》（南西）の角《すみ》に当たり、一宇の倉稟《そうりん》あり。余焰《よえん》の難を遁《のが》る。（後文省略。以下で引用する場合(二)・(三)・(四)として示す）

右の記事に、頼朝は「泰衡の平泉館に著御す」とあった。平泉館は全焼したと直接伝える記録は見当たらないが、『吾妻鏡』の二十一日、二十二日両日の記事からすれば、館内の坤角の倉一棟を残し他の建物群は焼けてしまったと判断せざるをえない。従って、頼朝は平泉館焼け跡辺に佇《たたず》んだ、のである。

そこで、人は思うのではないだろうか。平泉館焼け跡を眺めた頼朝をはじめ彼に従う武士たちの感慨やいかにと彼らの胸中を問い質《ただ》してみたい、と。だが、今となっては、彼らの口からその思いを聞くことはできず、ただ、推測するのみである。

頼朝は、源氏代々の宿意をついに我が手で達成しえたと大満足な気分に浸ったであろうか。その一方で、泰衡の首をとるまではと気を引き締めたであろうか。それとも、頼朝は後日、鎌倉に「平泉精舎《しょうじゃ》」を模して永福寺《ようふくじ》を建立するが、その目的の一つは「数万の怨霊《おんりょう》を宥《なだ》」めるためであったという（文治五年十二月九日条）。また、「怨霊を宥めんと欲す。義顕《よしあき》（義経をこのようにいう）と云い、泰衡と云い、指《さ》したる朝敵に非ざるも、只、私の宿意を以て誅亡《ちゅうぼう》」した（宝治《ほうじ》二年〈一二四八〉二月五日条。同年は同寺建立開始から六十年を経ており、修理することになった）などと、奥州征伐について何やら弁解めいたことをいっていた。平泉館焼け跡を目前にした時、こうした後ろめたい気分がいささかなりとも心をよぎったであろうか。並み居る家臣たちの胸中とて、単に合戦終了という安堵の思い、という一言で片付けられないものがあったのではないだろうか。とはいえ、これ以上、とても私などの想像は及ばない。

さて、本項で引用した二十二日の記事は、広義の平泉館が焼け野原と化した情景を述べている。注目したいところは、「数町の縁辺は、寂寞として人無し。累跡の郭内は、あまねく滅して地あるのみ」である。前述もしたが、「累跡の郭内」とは二十一日条の「三代の旧跡」と同義語とみてよい。その規模については「数町の縁辺」としかないのが残念であるが、平泉館は四囲数百メートルの広さ、区域を範囲としていたことになる。

前日は「暴風」が吹き荒れ、かつ、「甚だしく雨」、大雨は二十二日も続いたとある。平泉館周辺に他の建物が存在しなかったわけではない。しかし、それらが類焼したか否かについては、二十二日の記事はもとより、『吾妻鏡』では一切触れるところはなかった。

残った倉庫内を調査すると

二十二日条の続き、㈡・㈢として取り上げる。㈡は本項表題の内容を伝えている。

㈡　葛西《かさい》三郎清重《きよしげ》、小栗《おぐり》十郎重成《しげなり》等を遣わし、之《これ》を見せしめ給う。沈《じん》、紫檀《したん》以下の唐《から》木《き》の厨子《ずし》数脚これあり。其の内に納むる所は、牛玉《ぎゆうぎよく》、犀《さい》の角《つの》、象牙の笛、水牛の角、紺《こん》瑠璃《るり》等の笏《しやく》、金の沓《くつ》、玉の幡《はた》、金の花鬘《けまん》玉を以て餝る、蜀江錦《しよくこうにしき》の直垂《ひたたれ》、縫《ぬ》わざる帷《とばり》、金造の鶴、銀造の猫、瑠璃の灯炉《とうろ》、南廷《なんてい》(銀)百各金器に盛る、等なり。其の外に、錦・綾《あやぎぬ》・繡《しゆう》・羅。

などなど、一つ一つ、数え切れないほどであったという。

㈢ 象牙の笛、縫わざる帷は、則ち清重に賜わる。玉の幡、金の花鬘は、また重成望み申すによりて、同じく之を給わる。氏寺《うじでら》を荘厳《しようごん》にすべきの由、申す故なりと云々。

要するに、調査に当たった家臣二名に望みの品々を与えたのである。

一体、二人は何時間かけて調べあげたのであろうか。頼朝が平泉館焼け跡に到着したのは午後四時というから、調査はその後からはじまり、あるいは、夜を徹して続けられたのであろうか。

それよりも興味のあるところは、厨子の素材が何であったかをはじめ、そのなかから取りだした品々一つ一つの品名などを二人は的確に言い当てることができたのであろうか、である。もし二人ともわけが判らなかったとしたら、誰が正確なことを教えたのであろうか。そういうことがあったとしても、もはや知る由もない。

平泉館内に倉はこれ一棟のみではなかったろうから、二十一日条がいう「麗金昆玉の貯え、一時に薪灰」となったのは事実であった。そして、ここでは詳しくはいわないが、こうした財宝のなかには多くの舶来品が含まれていた。その主な輸入資金をあげるなら、いうまでもなく、奥州の特産品というべき砂金であった、とのみいっておこう。

『吾妻鏡』の論評記事を考える

表題にいう論評記事とは、二十一日、二十二日両条の末尾に置かれた文章で、二十一日条のそれを(イ)、二十二日条の残る末尾㈣を(ロ)としてそれぞれを以下に引用しよう。

(イ) 倹《けん》は存し、奢《しゃ》は失す。誠に以て慎むべきものかな。

(ロ) 彼の瞽叟《こそう》の牛羊は、不義の名を顕わすといえども、此の武兵の金玉は、作善《さぜん》の因に備えんと擬《ぎ》す。財珍に望みを係《か》くること、古今事を異にするものかな。

である。

(イ)は平泉館炎上、焼失を受けて、(ロ)は焼け残った倉庫内の財宝調査が終り、それら財宝のうち各二点を調べた武士たちに頼朝が与えた後に記されていた。つまり、共にある事柄の終了後に記述されていたのであるから、これらはそのある事柄に対しての『吾妻鏡』の、正確にいえば同書編者の論評であるということができると考えたのである。その論評の大前提には頼朝の泰衡追討という史実があり、その過程で生じた事柄が平泉館炎上、焼け残った財宝の調査・処理などであり、その事態をどう評価したらいいのか、という思いを込めての論評であったと思うのである。

まず、(イ)・(ロ)各文は何をいっているのであろうか。

(イ)は特に解釈するまでもあるまいが、あえていえば、奢侈《しゃし》も過ぎれば身に災いを及ぼす、あるいは身を滅ぼす、何事も慎ましいに越したことはない、というほどの戒めであろう。

次に(ロ)である。瞽叟とは古代中国の五聖君の一人である舜《しゅん》の父で、愚昧《ぐまい》にして善悪を弁別することができなかったという。そうしたもののもつ財宝は不義であるが、武人がもつ財宝は諸善を生みだす根本になるであろう。つまり、財宝の評価はその所有者の人間性、人柄、資質等々によってかくも異なるものか、ほどとなろう。

さて、(イ)の論評が二十一日条に置かれたのはなぜであろうか。

奥州藤原氏がその財力に任せ、三代共壮大にして華麗な寺塔建立にうつつを抜かした挙句、泰衡は「奥羽両国を管領し、十七万騎の貫首《かんじゅ》たりながら、百日も相い支えず、廿ヶ日の内に一族皆滅亡す」(文治五年九月七日条)の体《てい》たらくであったということをあげつらったのであろうか。

それとも、こういうことであったか。以下はいささかは前述したがあらためていうと、頼朝は文治五年十月二十四日に鎌倉へ戻ったが、奥州藤原氏三代建立の「平泉精舎」の荘厳、華麗のさまを忘れられず、それを模して十二月九日を期し鎌倉に永福寺建立をはじめた。同寺は三年後の建久三年（一一九二）十一月二十日竣工、その出来映えは「雲軒月殿《うんけんげつでん》、絶妙比類なし」と規模壮大、他に比べようがないほどの偉容を誇ったという。そして、同二十五日に供養を行っている。実は、こうしたことを苦々しく思うものも少なからずおり、彼らの心中を代弁し戒めとして掲げたのであろうか。

なお、考えうる余地があるように思われる。(イ)を二十一日の出来事についての批評として載せる必要はなかったのではないか、むしろ、二十二日の財宝調査、そして家臣のいわばおこぼれ頂戴に対しての戒めにした方が効果的であったといえるのではないだろうか（こうした考え方は、すでに高橋富雄氏が『奥州藤原氏四代』で日付のことには触れずに「もっともらしくそう言って〈つまり、「倹は存し云々」のことである〉わずかに体面をつくろっている」と述べておられた）。

では、(ロ)はいかなる意図をもった論評であったろうか。財宝の所有者が問題になるとするなら、奥州藤原氏を礬叟になぞらえたことになり、勝者のまことに思い上がった振る舞いであったといわなければならない。その一方で、鎌倉方とすれば、そうとでもいわないとおさまりがつかない思いがあったのではないか、という気もしてならない。

頼朝は、家臣二人に二品ずつ財宝を与えた。ということは、目前にある多大な財宝の所有者はもはや泰衡ではなく、戦利品として頼朝のものとなったから自由に処分できたことになる。それが合戦の習いで当然のことだとするなら、何も(ロ)の論評を載せるまでもあるまい。だが、あえてこの文を『吾妻鏡』に追加したのは、奥州藤原氏、とりわけ、泰衡を侮辱するためだけだったわけではなかろう。

ではなぜなのか。実は、頼朝の泰衡追討については、はっきりした正当性、大義名分があったとはいえない面があり、その上、数え切れぬほどの財宝までを手に入れるとなると、ますます分《ぶ》が悪くなるおそれもある。そうした後ろめたさをかくし、泰衡追討、財宝入手を正当化するための代弁ないしは弁解のために、瞽叟の話などを持ちだし、ことさらに泰衡を悪しざまにいいたてざるをえなかったのではあるまいか。

(イ)・(ロ)共に、大げさにいえば奥州藤原氏滅亡にかかわる歴史の批判であり、同時にそれは後世への戒めであり、鑑《かがみ》とするための記述であったはずと思うのであるが、そう理解した場合、各文がそれぞれの日付に置かれたことは妥当であったかどうか、その判定は難しい。

平泉館、泰衡自宅はどこにあったか

平泉館や泰衡自宅などは、平泉のどこにあったのかを確かめておきたい。それを伝えてくれる史料が残っている。

それは文治五年（一一八九）九月十七日、「清衡《きよひら》已下三代造立《ぞうりゅう》の堂舎の事」を平泉寺院衆徒の源忠已講《げんちゅういこう》、中尊寺経蔵別当《ちゅうそんじきょうぞうべっとう》心蓮大法師《しんれんだいほうし》らが注して、頼朝に提出した「寺塔已下注文」という文書のなかの一項目「館の事 秀衡」である（同日条。以下で引用する場合、「注文」と略記する）。以下に全文を引用すると、

金色堂《こんじきどう》の正方、無量光院《むりょうこういん》の北に並べて、宿館を構う。平泉館と号す。西木戸《にしきど》に嫡子国衡《ちゃくしくにひら》の家有り。同じく四男隆衡《たかひら》の宅之《これ》に相並ぶ。三男忠衡《ただひら》の家は、泉屋の東に在り、無量光院の東門に一郭を構う。加羅御所と号す。秀衡の常の居所たり。泰衡之を相継ぎて居所と為す。

とある。

さて、右の項目に「秀衡」という二文字が注記されていた。これは、「館の事」の内容は秀衡時代のことを示している、と判断してよかろう。そうであるならば、その時代（秀衡死亡は文治三年〈一一八七〉十月二十九日と伝わる〈『吾妻鏡』〉）の泰衡の家はどこにあったという記載がない点に不審を感ずる。すでに秀衡居所に、いうならば同居していたのであろうか。

それはさておき、以上から、平泉館、泰衡自宅の加羅御《からのご》所《しょ》も秀衡建立の無量光院周辺に存在していたことをまず知った。そして、「館の事」の内容は史実と断定してよい。というのは、「注文」の性格上、それは現に平泉に滞在中の征服者たる頼朝に提出したものであるから、虚偽を記すことはないはずという判断に立つからである。

とはいえ、平泉館は焼失しすでに存在していないし、この事実は頼朝ももちろん知っている。ならば「館の事」がいくら秀衡時代のことを記すにしても「平泉館と号す。但し、過日焼失せり」などと注記すべきであったと思われるが、全く問題にしないのはなぜなのであろうか。

まず、無量光院であるが、同院は東面して建立されたといわれている。ということは東門が正門ということになる（だが、実際には、真東を向いているのではなく、十度三分七秒南へずれているという〈菅野成寛氏「都市平泉の宗教的構造」『奥州藤原氏と柳之御所跡』所収〉）。なお、同院は現在では往時の面影はなく「無量光院跡」にすぎない。

右のことを踏まえて、「注文」がいう平泉館は「無量光院の北に並べて」建っていたとか、加羅御所は同院の「東門に一郭」を構えていた、などについてを次のように理解する。平泉館は無量光院の北側に東向きに、つまり、同館の正門を東側にして並んで建っていたとし、加羅御所は無量光院の正門である東門に向かい合う形で、つまり、同御所の正門は西向きにあった、ととるのである。

なお、秀衡嫡子国衡の家と四男隆衡の宅とは共に「西木戸」にあって相並んでいたという。国衡は「西木戸太郎国衡」と呼ばれていた（文治五年八月七日条）。その西木戸とは毛越寺《もうつじ》金《こん》堂円隆寺《どうえんりゅうじ》南大門の南にあった平泉への西の関門で、国衡家は木戸の北に、隆衡宅は南にあったという。「館趾今は畠となれり。里俗《りぞく》八《や》ッ花形《はながた》館と云ふ。八ヶ所築出したる所あり」（相原《あいはら》友直《ともなお》『平泉旧蹟志《へいせんきゅうせきし》』。宝暦《ほうれき》十年〈一七六〇〉脱稿の由。『平泉町史・史料編二』所収。以下『史料編』と略記）と伝わる（この西木戸を平泉館の西木戸、つまり、裏門とみる考え方もある、とのみいっておく）。三男忠衡の家は「泉屋の東」にあるという。泉屋の場所については言い伝えもないらしく『安永風土記《あんえいふどき》医王山毛越寺』（安永四年〈一七七五〉。『史料編』所収）にも不明としながらも、忠衡屋敷について「柳ノ御所南」とのみ記した。

平泉館、加羅御所などについての地元の言い伝えを一、二紹介しておこう。『封内《ほうない》風土記』に「柳御所遺址は、伝に云う、清衡、基衡の居す所なり」（田辺希文《たなべまれふみ》編、明和《めいわ》九年〈一七七二〉十一月十六日安永《あんえい》改元。同上）とあり、また、『安永風土記平泉村』によると「柳之御所《（は）》、清衡公、基衡公此《（の）》所ニ御住居ノ由、則《（ち）》平泉館ト申《（し）》伝《（え）》候《（う）》」、「加羅之御所《（は）》、秀衡公、泰衡公常ニ此《（の）》所ニ住居ノ由、又、加羅之御所《（は）》、泉ノ御所共《とも》申《（し）》伝《（え）》候《（う）》事」（安永四年。同上）などとあった。

要するに、柳之御所とは、清衡が江刺《えさし》郡豊田館《とよだのたち》（岩手県江刺市。詳しくは後述）から平泉へ移転した際に建て、二代基衡までの居所であったといい、それは平泉館とも称したという。そして、三代秀衡、四代泰衡の居所は加羅御所だというが、その時代（その大部分は、秀衡時代である）、最も知りたい柳之御所・平泉館がどうなったのかは伝わっていないようである。当時の建物の耐用年数は、補修を加えつつもどれほどになるのであろうか。右の『安永風土記』の記述からすると、二代使用が限界ということを暗に物語っているのでないかとも思われる。そうなると前述した「三代の旧跡」「累跡の郭内」などといった記事の解釈にも影響が及ぶか。

以上に、柳之御所（今はその跡である）ができたのでその辺一帯の地勢について触れておく。場所は、中尊寺の南東約一・五キロメートルの北上川《きたかみがわ》右岸に沿って、北西から南東方向に細長く延びる台地にある（その規模、最大で長さ七二五メートル、幅二一二メートル、標高二六〜四一メートル、という）。北西丘陵部を高館《たかだち》といい、南東低平部が柳之御所で、台地西側には猫間《ねこま》ヶ淵《ふち》（幅約五〇メートルの緩い谷）と呼ばれる谷が、対岸の無量光院からいえば東側から北側に存している。「注文」には、こうした地勢にあった無量光院に近接して平泉館、加羅御所が建てられていたとある。こうしたことについては、なお、後考するであろう。

実は、柳之御所跡の発掘調査が昭和六十三年（一九八八）から実施された。その調査結果については、岩手県水沢市埋蔵文化財センター副所長伊藤博幸氏の「藤原氏と平泉文化」（『図説・岩手県の歴史』所収）その他を参照した。ここで明記しておくが、私は、発掘調査結果および関係著書等から納得のいかない問題を覚えると、伊藤氏に書面をもって再三、御教示を仰いだ。その都度、氏から平泉町文化財センター調査員の御意見などをも徴して懇切にしてまことに有益な御回答を賜わった。その引用（本項目および以下本節各項目）についても御快諾をえたので、この間の経緯を記し感謝を表わしたい。ただし、本書での文責は筆者が負うことはもちろんである。

平泉の焼失範囲について

「注文」には、中尊寺・毛越寺・無量光院、また「高屋の事」（安倍宗任《あべのむねとう》娘で基衡の妻になった女性建立の観自在王院《かんじざいおういん》〈毛越寺東側〉南大門の南北の路、東西に数十町の倉町が並び、また、高屋数十宇が建ち、同院西面の南北に数十宇の車宿があるなどと記されていた）などについての記述があるが、平泉館の扱いと同じで火災にあったということは記されていない。その理由を詮索しても容易に埒《らち》が明かないから言及しないが、「注文」からは平泉の焼失範囲を知ることはできない。

文治五年八月二十一日は「甚だしく雨ふり暴風なり」という悪天候であったという。この条件下での平泉館への放火、炎上、その火の手は、当然、同館近隣の建物にまで及んだのではないかと思われるが、実際はどうであったろうか。

要するに火元は平泉館である。南隣の無量光院は後述するように罹災したとは考えられない。このことから、まず、当日は南風が吹いたことが予想されよう。では、平泉館の北側、西側、また、猫間ヶ淵の対岸になる東側の建物などはどうであったかとなると、皆目、記録は残っていない現状である。

結局、これも後述する遺跡の発掘調査の結果待ちとなる。ここで結論を先にいうと、平泉館炎上の火が柳之御所にもその他平泉の寺々や町内に回った形跡はほとんどない、あったとしても小火《ぼや》程度か、ということである。

『吾妻鏡』は八月二十一日の天候を「暴風」と記すが、これは誇大表現で台風並みの強風ではなかったのかもしれない。「甚だしく雨」が大雨で火に勝ったのか、はたまた、奇跡が起こったのであろうか。

ところで、平泉館の南にある無量光院について『吾妻鏡』に次のような記事が存する。

九月二十三日に、頼朝は豊前介清原真人実俊《ぶぜんのすけきよはらのまひとさねとし》（建久二年〈一一九一〉正月十五日条に「前豊前介清原真人実俊」とあった）の案内《あない》で「秀衡建立の無量光院を巡礼」したという。毛越寺へも「右大将軍文治五年奥州征伐の次《ついで》、順礼令《せ》しめ給うの後、殊に信仰有り」と伝わっている（嘉禄《かろく》二年〈一二二六〉十一月八日条）。「巡礼」とは参詣して回ることである。中尊寺・毛越寺・無量光院等々の寺々を、頼朝はどういう順序で回ったかは判らないが、焼けてしまって無量光院焼け跡になったところへ行くことはまずありえないと解釈されている。つまり、無量光院無事説はこの記事から生ずる。

ところで、最近までの発掘調査から得られた情報では、「無量光院北辺土塁内側一帯（同院は南辺を除き土塁で囲まれていた）はすごい業火で焼けており、付近一帯には炭化層が大量に検出されている」とのこと。しかし、右で一帯といったがその具体的範囲については現時点ではなお未確定であり、また、「焼土層上面、及び焼土層下から検出されるという三～四棟の建物遺構」の性格や前記した一帯の範囲、あるいは焼失年代等々の特定については今後の調査を俟《ま》たなければならない現状であるという。

従って、以上のごく限られた区域の調査結果から得られたわずかな知見によってこの一帯の遺構が何であったかを論及することは、もちろん、時期尚早である。だが、私はそれを承知で、あえて、以上の知見を以下に述べる二点の事柄と関連させて考えた場合、どういう見通しが得られるかを推量してみた。

㈠は前述した無量光院無事説である。「注文」によると無量光院の堂塔は「新御堂《しんみどう》」「三重宝塔」のみ、であった。無事説は堂塔共に無事であったということでなければならない。そうであれば、当然、北辺土塁内側一帯での焼土層上下二期とみられる建物群の性格が問題になるわけである。それらが宗教関係施設であったか否か、今、断定はもちろんできない。だが、もし、仮にそうではないという立場に立ち、かつ、文治五年焼失としたらどうなるであろうか、を考えてみようというのである。

(二)は無量光院の北に並びて平泉館が存在していたという「注文」の記事に信をおくことである。これから両施設が南北へ並んでいたことは知られるが、その並び方が土塁をへだてていたかどうかは定かではない。また、地形からして猫間ヶ淵に迫る無量光院の北側(北側土塁のさらに北方)に、その規模不明ながら平泉館の建設は無理ではないか、とみられている。

そうなると、(一)の指摘との関連から無量光院北辺土塁内側一帯の焼失建物は何であるかを今に残された史料から考えると、答えは一つしかないのではないだろうか。

その答えは、平泉館である。こう考えると、今まで無量光院北辺土塁内側一帯(別にいえば「無量光院境内」である)と記されていたが、これからは平泉館北辺土塁内側一帯と訂正しなければならなくなるであろう。では、平泉館の南限はというと、たとえば、板塀なり柴垣などで無量光院との境界を設けてあったと見なし、この範囲を広義の平泉館(北・東・西は土塁)とするのである。

以上は全くの仮説である。しかし、調査結果を『吾妻鏡』の文治五年八月二十一日、二十二日、九月二十三日各条および「注文」等に重ね合わせると右の答えしか思いつかないのであえて述べた次第である。後考を俟つ。

なお、今あらためた平泉館北辺土塁は二メートル幅のバラス(砂利)舗装の道路遺構が東西に延びて、その東端は猫間ヶ淵の最も狭《せば》まる地点にある平泉館(従来は無量光院といっていた）の北東張りだし部分に至るという。従って、ここから対岸の柳之御所跡へは最短距離でつながることが可能になるともいわれている。

ところで、地元では言い伝えとして、無量光院放火説が存したようなので触れておく。『平泉雑記《へいせんざつき》』（相原友直、安永二年〈一七七三〉。『史料編』所収）は「一書《アルフミ》ニ、無量光院ハ泰衡滅亡ノ時放火スト云リ」（巻之二、五）と引用している（ただし、この「一書」についての詳しい説明は全くない）。しかし、友直はすでに（本書二〇頁）指摘した「頼朝巡礼記事」を根拠にして「一書」がいう放火云々を否定しているが、地元では放火で被災した――この点、あるいは、いつしか、平泉館放火と混同し訛伝《かでん》となったのかもしれぬが――と言い伝えられていたことをうかがわせるであろう。

発掘調査結果の断片を示しておく。「柳之御所遺跡内からは焼けた壁土ブロックは散見されるが、それは一つの火災の根拠とはなっても全域的様子ではない」といわれているし、また、平泉町内の遺跡群発掘調査によると、焼失家屋遺構は何棟かはでているが、それらは大火によるというほどのものとは考えられないし、また、必ずしも文治五年焼失とは限らないとされている由である。以上については、十二世紀中の遺構変遷検討がはじまったともいわれている。

従って、今、いえることは、平泉館焼失は事実としても、その周辺の建物群に被害が及んだかは全く不明、というよりほとんど及ばなかったといっていいのではないか、というところである。今後の発掘調査を俟ちたい。

さて、相原友直には『平泉実記《へいせんじっき》』という著作もある（寛延辛未歳《かんえんかのとひつじのとし》〈同四年十月二十七日宝暦改元、一七五一〉の序がある。『史料編』所収）。その「巻の三　平泉館炎上」に、何を根拠にしたのかは知る由もないが、

（平泉館に）火を放たしめければ、東西一時に燃上り、黒烟《こくえん》天に冲《のぼ》り、清衡已来甍《いらか》をならべし峻宇楼閣《しゅんうろうかく》、杏梁桂柱《きょうりょうけいちゅう》の構へ、累世《るいせい》積蓄たる麗金崐玉《れいきんこんぎょく》、其外府庫《ふこ》門牆《もんしょう》に至るまで、一片の烟《けぶり》と聳《そび》へ、忽《たちまち》に灰燼《かいじん》と成て失にけり。

と、『吾妻鏡』の記事をこのように敷衍《ふえん》して述べていた。

この記事、あるいはこの記事の根底にある考え方といったらいいか、多分、皆金色《かいこんじき》の金色堂の印象から奥州藤原氏の居館も必ずや煌《きら》びやかであったに相違あるまいという連想から醸《かも》しだされた結果であったかと思われてならない。

発掘調査の結果から

すでに述べたが、柳之御所跡と伝えられている地域の「緊急発掘調査」が昭和六十三年から六ヶ年計画で実施された。それは、平泉の南の一関《いちのせき》市を洪水から守るための北上川治水事

業としての「一関遊水地事業」がすでに昭和四十七年からはじまっており、それに伴い国道四号線平泉バイパス建設工事が加わることになったためであるという。

遺跡総面積は推定一〇万平方メートル、調査対象地は四万平方メートルとされたという。調査が進むにつれ、対象地域の北西部と南東部とでは遺構に違いのあることが次第に明らかになり、南東平坦部（標高二六〜二八メートル）遺跡には幅一〇メートル、深さ四・五メートルほどの堀がめぐらされていたことが判明した。堀の東側と南側とには幅四メートルの橋も架かり、この「堀の内」には道路、溝、塀などで画され、当然、建物群が配されていた。

遺跡原型は南北四〇〇メートル、東西三〇〇メートルはあったろうかと推測する向きもあるが、この堀（あるいは周濠というか）によって区画される地域の形態はやや辺が張る不整三角形に近いという。

ところで、今までの調査結果から、この地区が、「注文」にいう秀衡時代の平泉館ではないか、とみられるに至っているようである。その理由として、出土遺物の「かわらけ」（素焼の陶器）、国産陶器、中国製陶磁器などの形式分類、木製品の年輪年代測定結果などから、この遺跡は十二世紀第三・四半期（一一五一〜七五年）を活動の頂点とするとされたことにあるとみられる。その時期の奥州藤原氏の歴史をいえば、以下、西暦で記すが、一一五一年は基衡の晩年（その死は一一五七年）、やがて秀衡時代に移行し、秀衡は一一七〇年に鎮守府《ちんじゅふ》将軍《しょうぐん》になり、一一七五年までには源義経の最初の平泉入りがあったとみられる。

ところが最近では、柳之御所跡遺跡では実は十二世紀第二・四半期（一一二〇一〜二五年）から建物が成立し同世紀第四・四半期（一一七六〜一二〇〇年）まで――つまり、十二世紀中を通じてということになる――変遷しているという見解が提示されはじめている由である。以下も西暦でいうが、一一〇一〜二五年は清衡の晩年（その死は一一二八年）、一一二六〜五〇年は基衡の後半生、一一五一〜七五年は前述の通りであり、一一七六〜一二〇〇年は秀衡時代（その死は一一八七年）から一一八九年の奥州藤原氏滅亡に至ることになる。

こうなると、この遺跡が何であったかについてはあらためて検討しなおす必要が生ずることになるであろう。

その前に、私は柳之御所跡遺跡をいち早く平泉館であるとする判断なり考え方が声高に主張されていることについて疑問を感じていたので、以下、私見を述べることにする。

柳之御所跡（「堀の内」の範囲と考えられる一帯）は、無量光院からみて、幅広くいえば、北東から東へ、さらに東南東に至る範囲内に存在しているごとくで、そこに大型建物群の遺構が出土、確認されたとしても、「注文」がいう平泉館は無量光院の「北に並べて」存在したという記述とは甚だしく乖離《かいり》していることになり、これだけを否定根拠としても十分すぎるほどであると思うのである。どうもこの辺のところを詳しく言及した見解のあることを私は寡聞《かぶん》にして知らない。

次に確認したいことは、平泉館は南西隅にあった一倉庫を残し全焼したことになっているから、柳之御所跡の遺構に火をかぶった痕跡が広く認められたかどうか、である。この点に触れた先行の著作物の存在も私は知らない。

前述したが、調査に当たった方の意見では、柳之御所跡遺跡内からは焼けた壁土ブロックは散見されるが、それは全域的規模の火災につながるとは考えられない由である。

考古学では、その遺跡が大火災にあい、その後、放棄されない限り、再利用、再建される時は一帯は清掃され整地されるという。その際生ずるのが灰、炭などを大量に含んだ焼土層であるというが、柳之御所跡遺跡内には、はっきりした焼土層の整地層はない、ともいわれている。こうした点からしても柳之御所跡遺跡は全焼したとは考えられず、したがって平泉館ではなかった、といわなければならないであろう。

以下は余談になるが、柳之御所跡遺跡（「堀の内」）には寝殿造《しんでんづくり》風の建物が存在したようである。そして、この地区中央部の井戸跡から木板に墨で画かれた寝殿造建物の絵が出土した。簡単な描写であるが、入《い》り母屋《もや》、檜皮葺《ひわだぶき》で板敷《いたじき》、縁《えん》、御簾《みす》まで画かれていた。絵心をもつ何《なん》人《びと》かが、ふと、目前の現実の建物をみて筆を走らせたのであろうか。

最後に一言。柳之御所跡遺跡が平泉館でないなら何であるか。残された考えは、無量光院の東、加羅御所と想定することである。

2　奥州藤原氏百年の記録焼失

記録焼失、省帳等復元

すでに述べたが、平泉館炎上に伴い同館にあった奥羽両国の「省帳、田文」その他文書類も焼失した。

この事実から、二点ほど考えることにしたい。

㈠は、省帳等作成と焼失に伴うその復元について、である。

㈡は、平泉館にあった全文書焼失が奥州藤原氏研究に及ぼす影響について、である。

㈠について。省帳、田文等は奥州藤原氏が独自に発案し作成させたものではなく、本来は国家的事業の一環で諸国政庁の国衙《こくが》が作成することを原則とした。時代からいうと、省帳は京都の民部省に送付され同省の図帳倉とか文庫に保管されていた（前者については、『玉葉《ぎょくよう》』安元《あんげん》三年〈一一七七、八月四日治承《じしょう》改元〉四月二十八日条に、京都に火災あるも「民部省図帳倉」は焼失せずとあり、後者については、『百練抄《ひゃくれんしょう》』嘉禄《かろく》二年〈一二二六〉九月十一日条に「民部省文庫」に賊が侵入し「諸国図帳少々紛失」などとあった）。また、もちろん、それら文書は各国国衙にも存在していた。

では、奥羽両国国衙にそれらは存在していたのであろうか。

頼朝は、平泉館にあったそれら文書が焼失したと知ってただちに使者を両国衙に走らせ取り寄せるという措置をとらず、土地の古老に尋ねたところ、奥州住人清原実俊とその弟実昌《さねまさ》とが故実《こじつ》を知っているとのことであったので両人を召し「子細を問う」たという。

兄弟は暗記しているところを両国の絵図を画いて示したというが、「諸郡の券契《けんけい》（土地の証拠文書）を定め、郷里《ごうり》の田畠、山野河海、悉《ことごと》く以て此の中に見ゆ」と、つまり、絵図中に記載したのであろう。漏らしたのはわずかに「余目《あまるめ》三ヶ所」（余目は、余戸《あまるべ》ともいう。もともと『律令《りつりょう》』の規定では五十戸に満たない小集落をいう。ここでも、その系譜を引く小村、小集落をいうのであろう）のみであったというのであるから、〝お見事〟というほかにいう言葉もない。頼朝も感じ入って両人を家臣に取り立てたという（文治五年九月十四日条）。

兄弟が省帳等の内容を注し復元した絵図の出来映えは、ほぼ完璧ということになるが、その注記に間違いがなかったとは、一体、誰がどうやって確認したのであろうか。

これは問題であると思う。図帳等の内容すべてを空《そら》でいえるものが実俊兄弟以外に平泉に存在していたであろうか。答えは、まずは否であろう。

そうなると、兄弟作成の注記入りの絵図の信憑性は焼失した省帳等と同一の文書類との比較においてこそはじめて判断できることになるのではないだろうか。特に「余目三ヶ所」を注しなかったなどという細かい指摘は右に述べた作業なしでは到底判明しないはずである。結局、省帳等を奥羽両国国衙からでも取り寄せたに違いない、といわざるをえないであろう。

省帳等（それらが「原本」か「写し」かは不明）がどういう事情、経路で平泉館に存在するようになったのか詳しいことは判らないが、存在したという事実は平泉館が奥羽両国の国衙の役割をも現実的に担っていたことを物語るであろう。こうしたことについては、なお、後述する。

研究上の隘路

㈡に移る。平泉館と共に焼失したその他文書の一々については、今となっては何一つとして判明するところはない。

とにかく、広義の平泉館には然るべき文書保存・保管を目的とした建物・文庫があり、あるいは、狭義の平泉館には使用頻度の高い文書類を集めた文書室などが配置されていたに違いない。

奥州藤原氏三代それぞれの時代の公的な記録類は細大漏らさず、その都度、外へ出さずに文庫などに分類、収納されていたであろう。三代の私的な記録なども収集の対象になっていたかもしれない。

以上の推測が的外れでないならば、そして、平泉館が焼失しなかったならば、奥州藤原氏の手になる記録類が、かなりか若干か、は判らぬが現在に伝えられた可能性もあったかもしれない。しかし、それら記録類は灰燼に帰してしまったのである。

寺々は焼けずにすんだようであるが、後世、焼失する。奥州藤原氏の一族や家臣のなかで被災しなかった屋敷も少なくなかったはずである。それぞれの家に何らかの記録などがあったであろう。しかし、今に伝えられたというわけでもない。ならば、平泉館が焼けなかったならばと考えたとしても、結局は、期待外れになる公算が大というべきか。

とにかく、奥州藤原氏研究の大本《おおもと》となる史料（それは前述したごとく「彼ら自身の手になる史料」をいう）は極めて不足しており、研究上の隘路《あいろ》となっているのである。そうなった主な原因は、などと今更声を大にしていっても仕様がないが、奥州藤原氏が自分の手で自分の歴史を抹殺したというほかにいいようのない行動――平泉館放火――をとったことにある、といっておく。

従って、今、奥州藤原氏の歴史、歴代の事績などについては、すでに何回か引用した『吾妻鏡』――奥州藤原氏にとっては敵であったし勝者となった側の記録である――や、京都貴族の日記などに何かの折に奥州藤原氏の名前が記されている断片を拾って彼が何をしたかを知ったり、あるいは、説話集などに名前を見付けてこれまたその者がどんなことをしたかを知り、共々、何のためにそのようなことをしたのかを考える、といった程度のことしかできないのである。

要するに、奥州藤原氏研究の限界は史料不足にある、ということを十分に承知してほしいと願うことが本項叙述の目的であった。

古代奥羽、敗者の記録は残らない

以下は蛇足であり、奥羽の古代史を顧みると、史料の面で困惑することが多いという話である。

たとえば、延暦《えんりやく》年間（七八二〜八〇五）の律令国家による胆沢《いさわ》地方（岩手県水沢市辺）の蝦夷《えみし》征服の場合を取り上げてみよう。

胆沢地方の蝦夷首長阿弖流為《あてるい》追討のため、律令国家は三回も征夷《せいい》軍を派遣した。結局、三回目派遣の征夷大将軍 坂上田村麻呂《さかのうえのたむらまろ》に阿弖流為はついに降伏する。ところが、一回目の会戦では、阿弖流為軍のゲリラ戦術が奏功《そうこう》し征夷軍に大損害を与え撃退したこともあった。

今、こうした征夷の経緯については、国家編纂の正史である『続日本紀《しょくにほんぎ》』『日本後紀《にほんこうき》』（ただし、現存の『日本後紀』は欠落部分が多くあまり役に立たない）などで知るばかりである。一回目の国家側の敗北の様子について『続日本紀』は余すところなく記してはいるが、実は、阿弖流為側からの発言記録等は皆無であった。彼らにも言い分は当然あったはずであるが、何も伝わってはいないのである。

時代は下り、奥羽では、前九年《ぜんくねん》の役《えき》、後三年《ごさんねん》の役（共に十一世紀後半代）が生起した。両役の一方の主人公は陸奥の安倍氏であり出羽の清原氏であった。その対立者は両役に介入した源氏であった。その結末のみを急ぎいえば、前九年の役で安倍氏が滅び、後三年の役では清原氏が滅んだ。

両役の顚末《てんまつ》を、今、我々は何で知りうるのか。『陸奥話記《むつわき》』『奥州後三年記《おうしゅうごさんねんき》』などという戦記物（両書とも『群書類従』合戦部所収）によってである。当事者であった安倍氏、清原氏の手になる自身の歴史、あるいは、それぞれの戦役についての言い分などの存在を私は知らない。現存していないのである。

阿弖流為にしても、安倍・清原両氏にしても文字が書けなかったわけではあるまい。とにかく、古代奥羽の歴史では地生《じば》えの勢力は国家権力、その手先によって潰され、潰された側の記録類は雲散の憂き目を宿命としていたごとくである。奥州藤原氏とて例外ではありえなかったことになる。

第二章　百年史を多角的に考える

1　「三代九十九年の間」というけれど

歴史の始まりはいつ

奥州藤原氏の歴史はほぼ百年、今日ではこれが日本史の常識となっているといえよう。その歴史は、周知の通り、清衡・基衡・秀衡・泰衡と、それぞれ親から子へと引き継がれ、文治五年（一一八九）に閉幕した。

初代清衡は、大治《だいじ》三年（一一二八）に七十三歳（数え年、以下同）で死去したという記録が残っている（『中右記目録《ちゅうゆうきもくろく》』同年七月二十九日条。死去したのは七月十三日とあるが、十六日とする他史料もある。十六日が正しいと思われる）。これから逆算すると、清衡は天喜《てんぎ》四年（一〇五六）生まれとなる。

当時は前九年の役進行中で清衡父経清《つねきよ》は否応なしに合戦に巻き込まれてしまう。清衡が誕生した時、本人はもとよりだが、父親とて我が子が将来、はるかな後世にまで名を残す歴史の主人公になるという予覚などは夢にもみたことはなかったであろう。もちろんのこと、清衡誕生をもって、即、奥州藤原百年史の起点と決めることはできない。

前九年の役に続いて後三年の役が生起し、清衡は両役の荒波にもまれ辛酸《しんさん》をなめることになったが、寛治《かんじ》元年（一〇八七）後三年の役終り、なんとか勝ち残った清衡は三十二歳でやっと自らの歴史創造に歩み出せることになる。この年を起点とすると滅亡まで百二年（単純に引き算した結果を示した）。

しかしながら、奥州藤原氏の歴史は、同氏の拠点が平泉であった時代が長かったから、両者を切り離しては考えられない。つまり、平泉時代こそ同氏に相応《ふさわ》しい歴史であるとすると、いささか厄介な問題が生ずる。

それはこういうことである。清衡は、これもいつからかは判然としないが江刺《えさし》郡豊田館《とよだのたち》（岩手県江刺市餅田《わだ》に「豊田城址」という遺跡があり、安永三年〈一七七四〉藩儒田辺希元《まれもと》〈希文の長子〉が「豊田城趾碑」の碑文を撰し「餅田の邑人《むらびと》」が碑を建てたという。それによると、その規模は東西五十七間、南北三十九間〈一間を一・八二メートルとすると、東西約一〇四メートル、南北約七一メートルになる〉で、ここは本来、清衡父経清の居城であり、清衡が「奥六郡《おくろくぐん》」に封ぜられてより、ここに居したなどという）に居しており、やがて平泉へ移ったというのである。

清原実俊、大いに語る

では、豊田館から平泉への移転はいつのことであったか。そのことに触れた史料があるので紹介しよう。

先に、頼朝が無量光院に巡礼した、ということを述べた。それを伝えた『吾妻鏡』の記事に続きがあり、そのなかに平泉移転のことが出てくる（念のためいうが、文治五年九月二十三日条である）。

頼朝を案内したものは、先刻承知の清原実俊である。

（実俊）申して云う。「清衡、継父（清原）武貞《たけさだ》荒河太郎と号す、鎮守府将軍武則の子なり。卒去の後、奥六郡伊沢、和賀、江刺、稗抜、志波、岩手を伝領し、去んぬる康保《こうほう》年中、江刺郡豊田館を、岩井《いわい》郡平泉に移して宿館と為し、三十三年を歴《へ》て卒去す。而して両国陸奥、出羽に一万余の村有り。村毎に伽藍《がらん》を建て、仏性灯油田《ぶっしょうとうゆでん》を寄附す。基衡は、果福《かふく》父に軼《す》ぎ、両国を管領すること又三十三年の後夭亡《ようぼう》す。秀衡父の譲りを得、絶《た》ゆるを継ぎ廃《すた》るるを興《おこ》し、将軍の宣旨を蒙《こうむ》りてより以降、官禄は父祖を越え、栄耀《えいよう》は子弟に及ぶ。亦三十三年を送りて卒去す。已上三代九十九年の間、造立《ぞうりゅう》する所の堂塔幾千万宇なるかを知らず」と云々。

実俊は、焼失した奥羽の省帳などをほとんど細大漏らさず記憶しており見事に復元したあの人であった。こうした抜群の記憶力をもった実俊が語った奥州藤原氏三代の事績であるからまずは間違いはない、完全に信頼できると思って当然であろうが、果たして誤りなき史実を語ったといえるであろうか。

平泉移転時期に疑問あり

先に紹介した決して長いとはいえない実俊の口上、その文章（要約文の可能性大とみる）には、明白に誤りといえる箇所が一ヶ所ある。

それは、清衡の豊田館から平泉への移転を「康保年中」とした箇所である。それを西暦でいうと、九六四年七月十日（応和《おうわ》四年から改元）にはじまり九六八年八月十二日（翌日、康保五年から安和《あんな》改元）までのことになる。清衡誕生は前述したように天喜四年（一〇五六）とみられるから「康保年中」に移転は絶対にありえない。

これを、説明役実俊の間違いと決めつけていいかどうか。

実俊の口頭での説明、それを誰かが文章化する（これが原本になろう）。『吾妻鏡』編纂時に採用されたのはその原本かそれともその写本か。『吾妻鏡』も筆写が繰り返され今の我々の眼に触れるに至った。こうした複雑な過程を経て現在に至っていたのであろうから、どこかで間違ったことも考えられる。要するに、一概に実俊の思い違いであったなどと片付けることはできなくなるであろう。

そこで、康保の上下いずれかの字と同じくする年号と見誤ったと考えて、そうした年号を清衡の生涯である一〇五六～一一二八年の間に探すと、

嘉保《かほう》　一〇九四～一〇九六年（より厳密にいうと、一〇九四年十二月十五日～一〇九六年十二月十六日）

康和《こうわ》　一〇九九～一一〇四年（一〇九九年八月二十八日～一一〇四年二月九日）

がある。どちらが妥当か後述する。

清衡の奥六郡伝領時期も

「継父武貞卒去の後、奥六郡を伝領す」というところも、厳密にいえば正しいとはいえないのでいささか解説しておきたい。

ここに、前九年の役が終了してから数年後の出羽の清原氏の系図を掲げた。

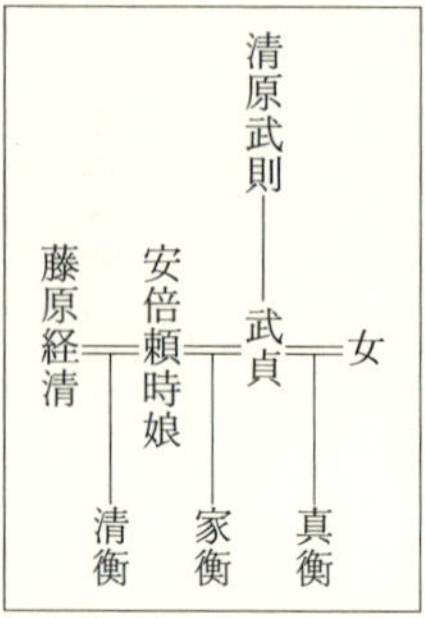

前九年の役で安倍方についた経清は殺されるが（康平《こうへい》五年〈一〇六二〉）、その後「武則が太郎武貞、経清が妻をよびて家衡をばうませたるなり」（『奥州後三年記』）ということがあった。以上がいつのことか正確には判らないが、康平五年以降の数年間のこととみて大過なかろう。こうして清衡も母の連れ子として清原の一員に数えられることになったであろうし、その限りでいえば武貞は正しく継父である。

ところで、武貞死去年は明らかではないが、その跡を継いだのは真衡《さねひら》であったことは確かで、この真衡の専制的振る舞いが一族内での内訌《ないこう》を高め後三年の役が惹起《じゃっき》したのである。清衡はこの戦役に勝ち抜き、かつて母方の安倍氏が領有していたが前九年の役で清原氏の手に移っていた陸奥の奥六郡（岩手県）と清原氏がもっていた出羽の「山北《せんぼく》三郡（北から山本《やまもと》・平鹿《ひらか》・雄勝《おかち》三郡〈秋田県〉）」とを手中にしたのである（拙著『蝦夷の末裔』中公新書、参照）。武貞卒去後といっても、上記した歴史が過ぎていった後のことであったのである。

歴代各々三十三年とは

実俊は、「三代九十九年の間」といった。そして、三代が平泉の主《あるじ》として君臨した期間について、揃って各々三十三年であったともいった。これはどうも腑に落ちない話であるし、何か作為が施された感がする。そこで、歴史的現実の問題として三代それぞれの統治者であった時代の長さを検証しておこう。

その方法であるが、以下の例を参考にしてみた。三代目秀衡は文治三年（一一八七）十月二十九日に死去したが、四代目泰衡は「文治三年十月、父の遺跡《ゆいせき》（跡目、家督）を継ぎ、出羽陸奥の押領使《おうりょうし》と為り、六郡を管領」したという（文治五年九月三日条。文治三年十月は大の月、泰衡は三十日までには父の跡を継承したことになる）。つまり、前代死亡年＝前代時代の最終年が、次代の起点＝次代開始年になる、という方法である。
ただし、この方法を清衡に適用はできない。なぜなら、その父経清の死は康平五年（前九年の役終了時に、源頼義に殺害された）で、その時清衡は数えの七歳にすぎなかったからである。そこで、清衡の場合はその死亡年大治三年（一一二八）から三十三年前に戻り、その年を起点とする可否を考えてみることにした（年数計算は「足かけ」とした。以下同）。
㈠　初代清衡の場合。死亡年は大治三年。三十三年を遡《さかのぼ》ると嘉保三年（一〇九六、十二月十七日永長《えいちょう》改元）、果たして平泉移転があったかどうか。また、後三年の役終了は寛治元年（一〇八七）、同五年（一〇九一）には、清衡は関白《かんぱく》藤原師実《もろざね》に馬二疋を献上したり（『後二条師通《もろみち》記』寛治五年十一月十五日条）、翌年には詳細は不明だが清衡が合戦を企てているとの陸奥国からの報告が京都へ届いたり（『中右記』寛治六年六月三日条）などと知られるので参考にしたい。
㈡　二代基衡の場合。清衡死亡年が即基衡時代の起点、開始年にはならない。というのは、「陸奥国清平《きよひら》二《に》子《し》合戦」が大治四年（あるいは、同五年にも及んだか）にあった由で（『長秋《ちょうしゅう》記《き》』大治四年八月二十一日条、同五年六月八日条）、その勝利者基衡の時代の起点を一応大治四年（一一二九）としておく。基衡死亡は保元《ほうげん》二年（一一五七）三月十九日という（『平泉雑記』）。その間二十九年。

その死亡年の信憑性を裏付ける史料がある。安元《あんげん》二年（一一七六）三月十六日、秀衡が亡父基衡の二十年忌（没年から数えて二十年目の祥月命日の法要）に当たり書写追善供養したというのである（「妙法蓮華経巻第八金字経奥書」『奥州平泉文書』所収）。保元二年から数えると二十年目は正しく安元二年になる（ただし、日付が若干異なる）。また、その奥書には「奥州磐井郡関山《かんざん》中尊寺金色堂云々」とあり、「金色堂」の初見ともいわれている。

㈢　三代秀衡の場合。保元二年～文治三年（一一八七）で三十一年。なお、四代泰衡は文治三年～同五年で三年、である。以上を表示する。

念のため三代の年数を合算する。清衡を三十三年（あるいは、関白への馬献上からとすると三十八年）、基衡二十九年、秀衡三十一年の計九十二年（ないしは九十七年。一一五七年重複のため合計数から一年減じた）。泰衡分、実質二年（一一八七年重複のため）を加えると九十四年（九十九年）となる。この件、もうこれで十分であろう。

問題は、なぜ、一代を三十三年としたのであろうか、である。

この件は、もとはといえば、天治《てんじ》三年（一一二六、正月二十二日大治改元）三月二十四日のいわゆる「中尊寺供養願文《くようがんもん》」（以下、「供養願文」と略記。『奥州平泉文書』所収）に清衡が平泉の主《あるじ》として「垂拱寧息《すいこうねいそく》（平和であること）三十余年」を過ごしたとあったことが、根拠というか基準とされたのではないかと考えてみた。大治三年に清衡は死去する。すると、右の

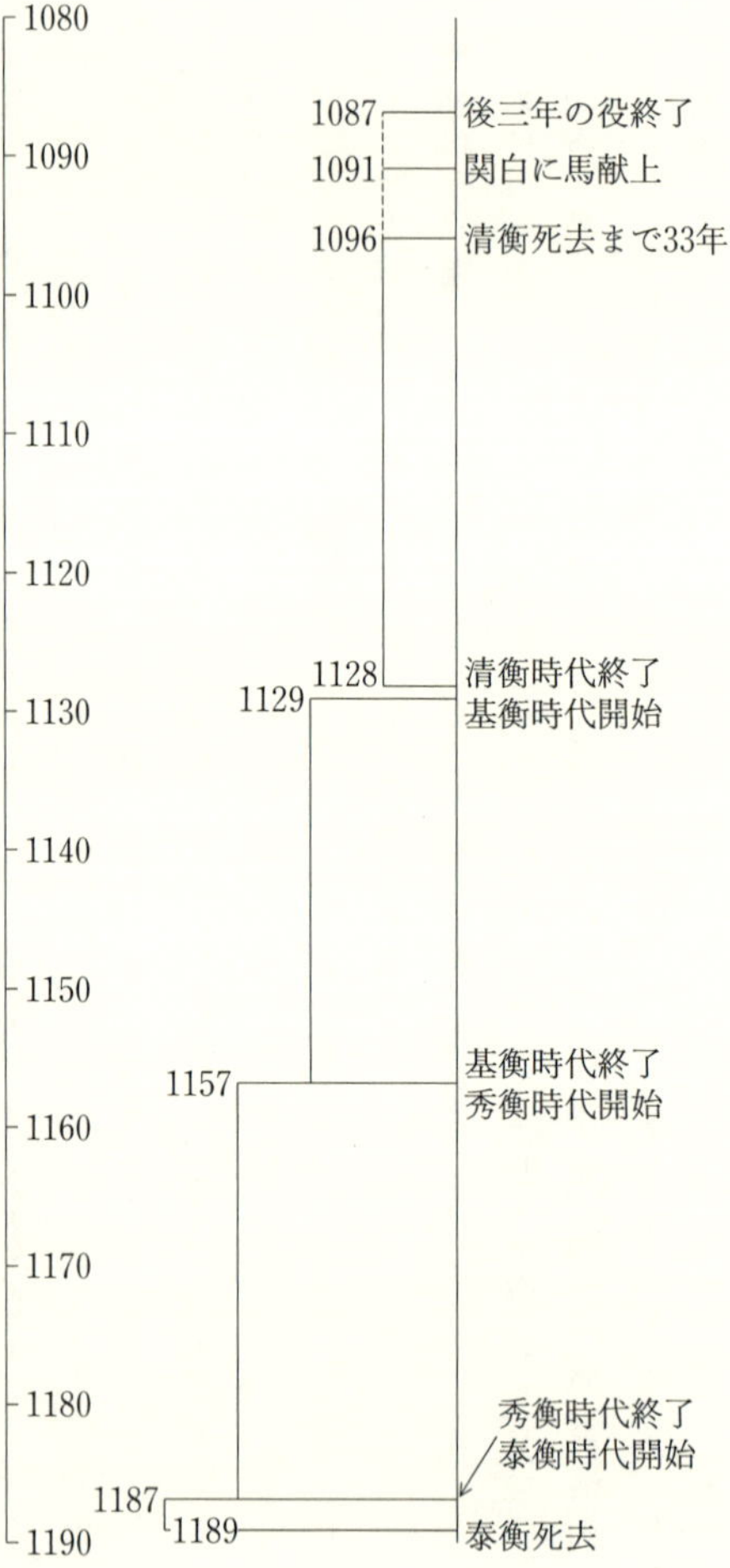

「三十余年」はいつしか「三十三年」となったのではないだろうか。文治五年（一一八九）の「注文」に「清衡在世三十三年の間」、同年の清原実俊説でも清衡は平泉に宿館を構え「三十三年を歴て卒去す」とあった。以上からいうならば清衡伝説が成立していたのではあるまいか。こうしたことを踏まえて以下のように話が展開したのであろう。

当然、三十三という数字に着目することになろう。京都の三十三間堂は有名であるし、三十三所、三十三観音、三十三身《じん》などがただちに思い浮かぶ。観世音《かんぜおん》が衆生救済のため身を変ずるという三十三身。この辺に由来するのであろうか。

実俊の話では、清衡が一万余の村ごとに伽藍《がらん》を建てたとか、三代の間に幾千万宇とも数え切れぬ堂塔を造立したなどということが強調されている。こうした点については、実俊談話の筆録者が感心して採用したということも考えられるが、奥州藤原氏を仏教徒としての理想像とするためにも、その統治期間を歴代各々三十三年、三代合わせて九十九年としたのではないだろうか。

あらためて、実俊の心中を忖度《そんたく》してみよう。以前、省帳などの復元に当たり絵図を作り田畑の状況、所有関係等々を注した際には何ら特別の感情をもたず、ただただ記憶に忠実であったにすぎなかったといっても間違いにならないであろう。

ところが、いわば旧主の事績回想となるとおそらく複雑な感懐が湧き上がるのを禁じえなかったのであろうか、史実を忠実に述べるというより、すでにその頃までに伝説化していたのであろう奥州藤原氏の歴史を物語ったのではないだろうか。たとえば、すでに指摘したが「注文」の「関山中尊寺の事」のなかにも「清衡在世三十三年の間、云々」とあったことなどはまさに一種の清衡伝説といえるのではないかと思う。

実俊がそれを物語るについては、彼自身がそれこそ、古き良き時代の奥州藤原氏歴代を正しく追憶することになると信じていたからにほかならない、と思えるのである。

2　歴代が得た官と位と

兵であった奥州藤原氏

文治五年（一一八九）の合戦の際、平泉方に由利《ゆり》八郎《はちろう》なる剛直な武士がいた。武運拙《つたな》く捕らわれの身になったが、頼朝方では、一体、誰がこの人物を捕らえたかが問題になった。そのいきさつは略す。

勇敢の者なり、と聞いて頼朝は八郎に会ってみたくなる。そして八郎に、「己の主人泰衡は……凡そ両国を管領し、十七万騎の貫首」でありながら郎従に裏切られて殺されたり、一族を滅亡させたなどといったばかりに、八郎から平治《へいじ》の乱（平治元年〈一一五九〉）での頼朝父義朝《よしとも》の敗北ぶりをあげつらわれてしまう（文治五年九月七日条）。

ここでいいたいことは、泰衡が十七万騎の貫首であったということである。棟梁《とうりょう》といってもいい。泰衡がそうだということは、当然ながら父の秀衡も十七万騎を率いる武将であったということである（『義経記《ぎけいき》』には「秀衡が伺候の郎等十八万騎」とあった）。

清衡は、前九年の役では十歳にも満たない子供だったがゆえに合戦に参加しなかったであろうが、後三年の役ではしばしば合戦に臨みついに勝ち残った。立派な「兵《つわもの》」、武士といってよい。清衡の母方の祖父安倍頼時《よりとき》も「兵」といわれていた。すでに奥羽では「国ノ内ノ然《しか》ル可《べ》キ兵」（名の通った武者）が割拠し、時に彼らが合戦し勝てば「弥《いよい》ヨ並ビ无《な》キ兵」と称されるようになったのである（以上、『今昔物語《こんじやくものがたり》』）。

清衡父経清の兵ぶり

清衡は父経清、母安倍頼時娘の間に生まれた。奥羽での経清は「亘 権守《わたりのごんのかみ》」「亘理権大夫《わたりのごんのだいぶ》」（『尊卑分脈《そんぴぶんみやく》』。「わたり」とは陸奥国亘理郡〈宮城県南部〉を指す）、あるいは、「散位藤原朝臣経清《さんにふじわらのあそんつねきよ》」（『陸奥話記』。なお氏《うじ》〈藤原〉＋姓《かばね》〈朝臣〉＋名《な》〈経清〉、これが正式の名前となる）ともいわれた。

経清も陸奥国内の「然ル可キ兵」であったことは明らかで、前九年の役当初、舅《しゅうと》である安倍頼時に叛き追討将軍源頼義に「私の兵」、つまり、手勢《てぜい》を率いて従った。同時に相婿《あいむこ》平《たいらの》永衡《ながひら》（字《あざな》を伊具《いぐ》十郎といった。ちなみに伊具郡は亘理郡の西に接している）も頼義方に参加していたが、この男、実は前九年の役の発端になった鬼切部《おにきりべ》（宮城県玉造郡鳴子町）合戦で大守《たいしゅ》

（陸奥守をさす）藤原登任《なりとう》の郎従でありながら裏切って舅方へ走ったという前歴があった。今回、永衡も頼義軍にいたが、なぜか目立つ銀の冑《かぶと》をかぶっていた。陣中、またも裏切るか、との声が上がり、結局、彼は処刑されてしまう。

経清は相婿を理由に疑惑がかかることをおそれ流言を放ち、「大軍擾乱《じょうらん》の間」に「私の兵八百余人」を率い頼時方へ走った。大混乱のなかで、経清私兵のうちには逃げ去ったものもいたかもしれないが、経清の兵としての勢力の一端をうかがえる手掛りになるであろう（詳しくは、前掲拙著参照）。

亘権守・亘理権大夫とは何か

さて、経清の官と位とである。『陸奥話記』にみえた散位とは、有位者ではあるが官に就いてはいないことを示している。これは、奥羽における経清の信用できる情報だといえよう。亘権守とか亘理権大夫などといわれているが、こうした表記は全くのでたらめであり、まさか経清が自称したとも思えないし、後世、古代の官人制度に無知の人々が経清を亘理地方の実力者であったとして、こういう呼称を奉って敬意を表したことに由来するのかもしれない（『尊卑分脈』は十四世紀末までには原型が成立したといわれている）。

正1	
従1	
正2	
従2	
正3	
従3	
正4	上
	下
従4	上
	下
正5	上
	下
従5	上
	下
正6	上
	下
従6	上
	下
正7	上
	下
従7	上
	下
正8	上
	下
従8	上
	下
大初	上
	下
少初	上
	下

念のため、古代の位階制度を簡単に説明しておく。右表の通り、各階、正《しょう》・従《じゅ》、四位《しい》より下位は各階上・下あり、最下位の大初位《だいそい》・少初位《しょうそい》に至る三十階から成っている。「名例律《みょうれいりつ》」によると、三位《さんみ》以上を「貴《き》」、四位・五位を「通貴《つうき》」と称するとあるが、総じて五位以上有位者を古代貴族といってよい。なお、五位以下には地方豪族などに授与する外位《げい》二十階があった。

権守とは何か。権とは「正に対する副」「定員以外に権《か》（仮）りに任じた官（まにあわせ、臨機の処置という意）」「次位の人」ほどの意と考えてよろしいであろう。

たとえば、元慶《がんぎょう》二年（八七八）三月十五日に出羽国は秋田城（秋田市）下で起こった「夷《い》俘《ふ》の叛乱」——今、「元慶の乱」と呼ばれているが、その時の出羽守は正五位下藤原興世《おきよ》であった（出羽守任命時期不明、同元年十一月二十一日在任を知る。以上『三代実録《さんだいじつろく》』）。ところが彼は、叛乱が起こるや「府城を棄《す》てて逃走」したという情報が五月二日に平安京に届いた。摂政《せっしょう》藤原基経《もとつね》は大いに驚き、藤原保則《やすのり》に叛乱鎮定に乗りだすよう懇請（『藤原保則伝』）、ついに四日、保則を出羽権守に任じ位一階を上げ正五位下を授けたという（以上、同上書および『三代実録』)。保則は七月十日に出羽国到着と伝わるが、出羽守興世については彼の送った飛駅奏言《ひやくそうげん》(地方から大事を急速に中央へ知らせること)が六月十六日に平安京に着いたという記録で終る。なお、保則は元慶三年正月十一日「守に転ず」という記録がある(『公卿補任《くぎょうぶにん》』寛平《かんぴょう》四年〈八九二〉条。『藤原保則伝』は「三年、権守を改め正守と為す」とあった。ただし『三代実録』元慶四年二月十七日に、保則は依然として出羽に権守として留まり、乱後の後始末に追われていたことが知られる)。以上、要するに、正と権とはどういうものか、いささかの理解が得られたかと思う。

　平安時代も末期に近付くと、国守に任命された場合、実際に本人が任地に赴任する受領《ずりょう》と赴任しない遥授《ようじゅ》(遥任《ようにん》)の場合もあった。後者の場合、権守が任国に存在することもあった。ただし、国守が不在でも国衙には在庁官人《ざいちょうかんじん》がいるから権守がやたらと多数在国しているわけではないはずである。

　各国の長官である守《かみ》は、正でも権でも、陸奥守とか出羽権守というように国名が付される。今、問題になっている経清の「亘権守」は郡名が付されているのであるから、いくら律令制が崩れてきている時代であるとしても、これは決して公的な表記、呼称などではありえず、まして、これをもって経清を陸奥権守扱いなどにしてはならない。

　では、「亘理権大夫」はどうか、となお食い下がる向きがあるかもしれない。

この場合、そもそも「大夫」とは何であるか、から始めなければならない。
(イ)「だいぶ」と読むなら官のことである（省の次官「大輔《たいふ》」と区別するため、たとえば「大夫」を長官とする「春宮《とうぐう》大夫」「大膳《だいぜん》大夫」などの「大夫」を「だいぶ」と呼ぶことにしたという）。
(ロ)「たいふ」と読むなら四位・五位の有位者をいう。
経清の「亘理権大夫」とは、郡名＋権大夫、でますます判りにくくなっている。(ロ)の場合では絶対にないし（権五位などは存在しない）、(イ)に該当しそうもない。結局、冒頭に記したようなところに落着かざるをえないであろう。

「藤氏諸大夫」名簿に経清がいた

永承《えいしょう》二年（一〇四七）二月二十一日、時の藤原氏の氏長者《うじのちょうじゃ》藤原頼通《よりみち》は藤原氏氏寺《うじでら》の興福《こうふく》寺《じ》（奈良市登大路《のぼりおおじ》町）修造のため、全国の「藤氏《とうし》諸大夫《たいふ》」（四位・五位有位者）に米・絹・布等の寄進を要請することにした。今その名簿が『造興福寺記』（『大日本仏教全書』所収）に残っていた。この名簿のなかに経清の名を見出すことができるのでいささか検討してみよう。

この名簿には全部で三百六十六名分の名前が記されており、それらを、

(一)　当任ノ受領　上等　中等　下等
(二)　旧吏　上等　中等〔ママ〕

㈢　諸司長次官　　上等　　下等
㈣　新叙輩　　　　上等　　下等

と四区分し、寄進すべき物品の数量に差を設けていた（もちろん上等が最も多く、以下、中等・下等に及ぶ）。

㈠は受領国司のこと。上・中・下と三段階に分けた根拠は特に示されていないが、任国の等級（大・上・中・下）、任期の長短等が基準になるか。㈡の旧吏とは、内外官《ないげかん》を問わず、現在「去任」（任を去る）とあるものをいい、二段階は官の軽重、つまり、相当位の高下が基準か。「致仕《ちし》」（七十歳以上で辞職が許された〈「選叙令《せんじよりよう》」〉）も含まれる。㈢の諸司長官と次官の諸司は京官を指し、その序列が上・下となろう。㈣は永承二年の叙位の儀（正月五日）で五位に叙せられたものであろう。これには上・下を付す必要もないように思われるが、強いて付けるなら年齢順（若→上、老→下）とでもしたのか。

そして、以下に三百六十六名分の名前を列記するのであるが、右に示した区分に従って、㈠については四位の何某・何某……五位の何某・何某……以上合計若干名、㈡も同様、といった整然とした記載法をとっていたわけではないのである。

名簿は、

章信朝臣《あきのぶあそん》当任　国成《くになり》朝臣殿上　兼綱《かねつな》、、去任

から始まり、十二行目まで一行につき三名ずつ「名、、何々」といった書き方で合計三十五名を記す（十二行目は二人）。

十三行目から最後の九十五行目までは一行四人で三百三十一人を数える（最後の行は三人）。

そのなかから数行を抜きだして示そう（頭の数字は行数を示す）。

(31) 行信《ゆきのぶ》下野権守　守義《もりよし》　顕輔《あきすけ》去、(任)　定成《さだなり》去、(任)
(63) 致親《むねちか》　成通《なりみち》　斉光《なりみつ》　□□伊賀国任
(66) 時貞《ときさだ》六奥　守孝《もりたか》諸司　資孝《すけたか》近衛　文業《ふみなり》太宰
(68) 奉忠《ともただ》　義光《よしみつ》　家政《いえまさ》六奥　成助《なりすけ》
(73) 信吉《のぶよし》大和　頼利《よりとし》　経清《つねきよ》六奥　諸忠《もろただ》

人名記載について、十二行目までは「何某朝臣」と記すが、十三行目以降の人物については「朝臣」を省略し「何某」とのみ記すという区別を設けていた。その理由は、調査した結果からいうと、十二行目までの三十五人は四位のものとみられること（『公卿補任』から六名の四位が確認された）、従って、十三行目以下の三百三十一人は五位のものに違いあるまい、との結論に至った。

さて、この「藤氏諸大夫」名簿には、陸奥に関係するものが四人記載されていた。

そのうちの三人はすでに示してある（五位欄で人名の下に「六奥」とあったのは「陸奥」のこ

とである。陸・六共に呉音で「ロク」、相通ずる）。残る一人は四位欄（七行目）に「登任《なりとう》、、当、（つまり、登任朝臣当任）」とみえていた。

この四人について、二点指摘しよう。

まず、ここに清衡の父、ということは奥州藤原氏の直接の祖先となる経清がいたということである。これによって、奥州藤原氏はれっきとした藤原鎌足《かまたり》の末裔たる藤原氏であることがはっきりした。

次に、家政以外の三人は前九年の役に何らかの形で関係していたということである。家政も同時代のものであることは確かであるが、陸奥でその影すら見つけられない。

では、家政を除く三人の前九年の役との関わりを『陸奥話記』からみてみよう（各人名下の括弧内は同書からの引用）。

四位　登任朝臣当任　（永承六年〈一〇五一〉の鬼切部合戦で「大守《たいしゅ》藤原朝臣登任、数千の兵を発し云々」、「大守軍敗績」とあった）

五位　時貞六奥　（天喜四年〈一〇五六〉の阿久利河《あくりがわ》事件で「権守藤原朝臣説貞〈時貞と同一人物とみる〉の子光貞・元貞等、野宿して人馬を殺傷さる」とみえている）

五位　経清六奥　（「（安倍）頼時聟散位藤原朝臣経清」とあった。経清と前九年の役との関わりはすでに述べてある）

さて、四位欄の三十五名については、人名の下に全員何らかの注記が付されていた（その注記を多い順からいえば、「去任」十五、「当任」十一、「殿上」八、「致仕」一）。そのうちの一人のみに「実範《さねのり》、、当、備」という注があった。この四位欄には「実範」という名のものが二人いたのである。右は三十三番目の実範で三十四番目は「実範、、当、」とあった。二人は同名別人で、三十三番目の実範を「備（前・中・後のいずれかの国）の当任の受領」と示すことで三十四番目の同名人とは違うとするための特別の措置であったとみられる。

登任の場合、㈠の「当任ノ受領」と見当はつけられるが、彼の官歴は『尊卑分脈』（第二編）で「従四下　主殿頭《とのものかみ》　出雲・陸奥・大和・乃登《のと》等の守」と知られるも、これでは永承二年、どこの国守であったかは判らない。ようやく、『陸奥話記』によって、名簿作成時、おそらく陸奥守であったに違いないと判明するのであった（名簿作成は永承二年〈一〇四七〉早々であったとみられる。鬼切部合戦は「永承の比《ころ》」とあるが、同六年〈一〇五一〉とする。当時、陸奥守任期は五年を原則としていた。なお、陸奥国は「大国《たいこく》」〈『延喜式《えんぎしき》』〉、国守相当位は従五位上）。

五位欄三百三十一人については、人名下に何らかの注記ありが百五十四人、なしが百七十七人と、ありを上回っていた。

この注記全くなしの百七十七名は、おそらく在京の㈣「新叙の輩」ではないかと考える。

理由は消去法によって、㈠・㈡・㈢は該当するはずはなく、結局、㈣に落着かざるをえないからである。

五位欄に「惟経《これつね》去、武蔵」という注記例があった。なお、「惟経去、」「惟経」と二人同名がいた。以上も同名別人区別のための特別措置であった。まだある。「武光《たけみつ》前壱岐」「武光」、これは二人。そして「行範《ゆきのり》馬前壱岐」という者がいた。前壱岐守《いきのかみ》で、現馬寮《まりよう》官人ということであろう。同名のものは見当たらないが、不明者、つまり、□□で示されているものが八名もいるので、そのなかに同名のものがいる可能性があるはずである（注記なしが四名いた）。

ところで、五位欄にも「何某国守」といった注記は一例もない。ただし、「□□伊賀国任」という例があった。これは、この名簿の注記にしては極めて特殊な表現である。そのまま素直に「伊賀国に任ず」と読めば、国司任命以外とは考えられない。しかし、伊賀国は下国《げこく》（『延喜式』）、下国守相当位は従六位下。五位欄に名を連ねる者にとってはうれしくない任官である。どうもよく判らない。

国守の注記はないが「権守」は四人いた（下野《しもつけ》・三河・越中・越後）。この四人の「権守」は永承二年当時の肩書であるから㈠の「当任ノ受領」の「中等」負担か。

問題は国名のみ注記あり、である。十六名を数えた（うち、「筑」一字は「筑前」か「筑後」かとし、「上綱」とあるのを「上総」の誤記か誤字とみた。上記の「伊賀国任」は除外）。

この十六名のうち、時貞（説貞）については、前記したようなわけで、

永承二年（一〇四七）　陸奥在住　　五位（散位）

天喜四年（一〇五六）（陸奥）権守　五位

と、足かけ十年の間に権守になったことになる。ということは、永承二年には散位であったに違いない。また、経清については、前九年の役終了時まで「散位」（五位）であったとみる。

こうしたいわば一斑をもって推し量れば、国名のみ注記の十六名全員がその当時、地方在住の散位（五位）であった、となろう。さらに、注記なしを在京の㈣「新叙の輩」と判断したことをここで用いれば、国名注記ありは地方在住の㈣「新叙の輩」であったとしなければ均衡がとれなくなるであろう。

しかし、登任はともかく、五位の三人が、永承二年当時、いかなる理由で、何の目的を持って陸奥に存在していたのか、いや、するようになったのか、などといった問いは発せられるが、答えはでてこない。

また、彼らが陸奥でどんな地位なり官に就いたかについては、散位がその答えの一つとなるし、時貞（説貞）のように権守になったのもその答えの一つであるから、五位の散位たちは権守候補者であったといえるかもしれない。ただ、経清の場合、「安倍頼時聟」という立

場が右の指摘にいかなる作用を与えるか、あるいは問題全くなしといえなかったかもしれない。結局、陸奥において、経清は五位（散位）ではあったが、官に就くことなく生涯を終った、ということになろう。

清衡、奥三郡主から奥六郡主になる

清衡が「継父武貞卒去の後、奥六郡を伝領」したという話が文治五年頃、奥州藤原氏のいうならば歴史物語の一端として語り継がれていたことをすでに紹介しておいた。

だが、実際には、清衡がそこに至るまでには上記のような単純な経過ではなく、複雑な歴史を潜り抜けて到達したのである。それは清衡前半生の試練であった。

ここであらためて奥六郡を説明すると、岩手県水沢市辺の胆沢《いさわ》郡を南限とし、北方へ、江《え》刺《さし》・和賀《わが》・稗貫《ひえぬき》・斯波《しわ》各郡と、盛岡市辺の岩手郡を北限とする北上川沿いの六ヶ郡のことである。そして、この奥六郡は清衡の母方の安倍氏が領有、支配するところであった。それが前九年の役で安倍氏が滅びると出羽の清原氏の支配するところになった。

その清原氏の内紛が後三年の役になる（前九年の役終了が康平五年〈一〇六二〉、後三年の役は永保《えいほ》三年〈一〇八三〉～寛治元年〈一〇八七〉）。

後三年の役は複雑な経過をたどる。詳しくはいわず、要点のみいう。

永保三年晩秋から初冬（九月〜十月）にかけてであったろうか、清衡と異父弟家衡たちは陸奥守源義家と一戦を交え惨敗、「両人、一馬に跨《また》り没落し了んぬ」であった。

さて、清衡、家衡両人は義家に降伏を願い許される。義家は「六郡を割《さ》き分けて各三郡宛を清衡、家衡に補《ぶ》せられ」たという処置をとったという。ところが「家衡、兄清衡を讒《そし》り申すといえども、太守《たいしゅ》（義家）許さず、剰《あまつさ》え清衡に抽賞《ちゅうしょう》有るの間、云々」とも伝わる（以上、『康富記《やすとみき》』文安《ぶんあん》元年〈一四四四〉閏六月二十三日条）。

以上から、清衡の「三郡主」が陸奥守から認められたこと、その三郡については南北いずれとも記されてはいないが、その分割について家衡が清衡を讒った、中傷した、というので、その分割は清衡に南三郡（胆沢・江刺・和賀三郡）、自分に北三郡（稗貫・斯波・岩手三郡）であったことに我慢ならなかったと思われること（事実、この後、家衡は清衡殺害を企て妻子眷《けん》属《ぞく》を皆殺しにした。応徳《おうとく》三年〈一〇八六〉のことと思われる）、の二点のみを指摘しておく。

やがて寛治元年（一〇八七）、家衡たちは滅び後三年の役は終り、陸奥守義家も今回の合戦については、いわば「私戦、官符《かんぷ》なし」、要するに、清原氏の内紛に義家が勝手に介入したのだから恩賞など一切なし、という結果になり、義家は陸奥守を解任され奥羽を去った。

一人、奥羽に残り、まさに漁夫の利を得たのが清衡である。こうして、彼は安倍・清原両氏の遺産相続人として、清原氏の「山北三郡」と安倍氏の「奥六郡」とをすべて我が手中にした。寛治元年、清衡、数えの三十二歳であった。奥州藤原氏の実質的開幕である。

清衡の名の由来

ここで、清衡の名についてどう考えるかということを差しはさんでおく。

なぜ、こういう問いを発するかというと、清衡は、その前半生、前九年の役終了の康平五年（一〇六二）以降、母共々清原武貞のもとへ身を寄せ、多分、そのまま、後三年の役終了の寛治元年（一〇八七）まで——彼の七歳から三十二歳までの二十五年ほどの間——過ごしたであろうという事情をもつからである。

その事情の何が問題になるのか。清衡という名は生まれた時に命名され、その名で生涯を過ごしたか。それとも、右でいったように清原氏へ母の連れ子として伴われた際、清原の一員と遇され改名させられて清衡となったのか、ならば、元の名は何といったのか。こういうことが問われることになると思うからである。

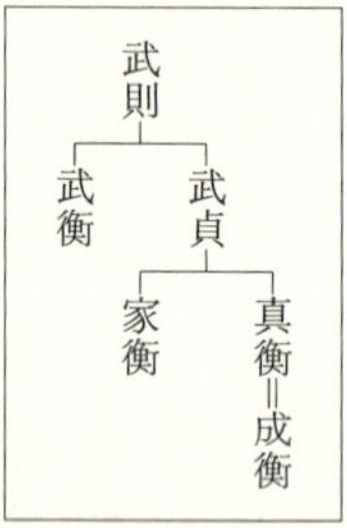

特に清原氏面々の名については、上図のように清衡と同時代のものにどういうわけか「衡」字をもつものが集中していた。そこで清衡も本来の清某を改名させられたのではないかという考え方がでてくるのである。

しかし改名説を主張するなら、本来の清某すべてをなぜ改名しなかったのであろうか。清某の清は清原の清に通ずるではないか。これも改名後のことか。全面的に清衡という名へ改名したら、世に清原氏が彼を厚遇しているという印象を与えたことになりかねず、それは得策であったろうか。清原氏は敵対した安倍氏の孫である清衡を厚遇するいわれがあったのか。そういうことをすれば、真衡などが真っ先に反対、不満を唱えることになったのではないだろうか。

こういうように考えていくと、清衡の衡字一字改名説などは成立する余地はない、といえる。本来、清衡であったから清原氏とてあえて手をつけずそのままにしておいたと考えるべきであると思われてならない。

清衡以降の奥州藤原氏歴代にも衡字のつく名のものが多い。しかし、代々の幼名《ようみょう》や名乗《なの》り、実名《じつみょう》などについてはほとんど知る手掛りもない。それは、同氏関係記録焼失ないしは散佚等の結果によるのか、あるいは、もともと誕生時一回命名であったのか、その辺、何とも判断の仕様もない。

ともかく、私は清衡の名の由来を以下のように考える。清はもちろん、父経清からとり、衡はオジ平永衡（経清妻と永衡妻とは安倍頼時娘であったが、その姉妹関係不明につき、伯父か叔父か不明）の衡字をもらったのではないかと。つまり、経清と永衡とは安倍頼時の「相《あい》聟《むこ》」で「義理の兄弟」であり、かつ、経清は「亘権守」などと、永衡は「伊具十郎」といわれているように、彼らの地盤と目される亘理郡・伊具郡は隣接していたのである。こうしたことを根拠にして、清衡の名の由来を求めたのである。従って、清衡の衡字と清原氏の衡字との共通性は偶然の一致であったのである。

清衡はそれを奇貨としたのであろう。清衡はかつての奥六郡主安倍氏の血筋を引いている。偶然の一致とはいえ、清衡がかつて身を寄せたこともある彼と同時代の清原氏——従来の山北三郡主に加え前九年の役後は奥六郡主を兼ねた——に衡字名のものが多かったことに着目した。

つまり、清衡は衡字をあえて奥州藤原氏の「通名《とおりな》」（子孫が代々受け継ぐ名、その文字）にすれば、安倍・清原両氏の正統な後継者であることを奥羽に宣言・主張できることになると考えた、と思うのである。そうであれば、清衡は政治家としての判断力や力量を十分に備えて一人立ちしたといえるであろう。

清衡の官位について

私の手元には、手製の奥州藤原氏年表がある。それは、永承二年（一〇四七）の「藤氏諸大夫」名簿の経清初見からはじまり、文治五年（一一八九）の同氏滅亡まで、史料にみえた清衡・基衡・秀衡・泰衡四代の事績などを簡単に注記したもので、本書執筆に際しては常に手元に置き利用した。

さて、その年表で清衡の官と位とを探すと、位については、いずれも清衡晩年のことになるが三ヶ所に記載がある。

(イ)　永久《えいきゅう》五年　散位（一一一七年、清衡六十二歳。同年二月十五日から四月十五日にかけて華厳経一帙を書写し了ったとその奥書にあり「大檀那散位　藤原清衡」とみえていた。有位の初例といえる。『大方広仏華厳経巻第十中尊寺金銀字経奥書』〈『奥州平泉文書』〉所収）

(ロ)　天治《てんじ》元年　散位（一一二四年、六十九歳。同年八月二十日の日付を記す「中尊寺金色堂棟木墨書銘」にも「大檀散位藤原清衡」とあった。前掲文書所収）

(ハ)　天治三年　正六位上（一一二六年、実は正月二十二日に「大治」と改元されていた。七十一歳、清衡は二年後の大治三年に死去。「供養願文」の末尾に「天治三年三月二十四日弟子正六位上藤原朝臣清衡敬白」とあった。前掲文書所収）

正六位上に叙位されたのはいつかはついに判らないし、以上を信ずれば晩年は散位で過ごしたことになろう。なお、(ハ)の藤原朝臣清衡とは「氏＋姓＋名」の正式表記であり、清衡の場合、珍しい記録といえる。

官については、年表に特に記載はないが、『尊卑分脈』をみると、清衡は「権大夫」「陸奥国押領使」などとある。前者については、父経清の亘理権大夫を継いだことをいうのかもしれぬが、すでに述べたように意味不明であるから取り上げない。後者の押領使は「令外《りようげ》の官《かん》」(「職員令《しきいんりよう》」にない新置の官をいう)ではあるが、れっきとした官である。ただし、いつ、それに清衡が任命されたのか、いつまでその任にあったか、などは判明しないので年表には記入できないでいる。また、『尊卑分脈』には清衡の位の記述なしである。

繰り返すが、奥州藤原氏の記録焼失や散佚などが巨大な障害になっているといわざるをえない。

清衡は寛治五年(一〇九一)、関白藤原師実《もろざね》に馬二匹を贈った。その息師通《もろみち》の日記には「清衡始めて殿下《でんか》に貢馬《くめ》す」と朱書されていたし、本文には「清衡は陸奥の住人なり」とのみ記されていた(『後二条師通記』同年十一月十五日条)。清衡が無位無官であったことは明白である。

この時、清衡は「二通の解文《げぶみ》、申文《もうしぶみ》」をも添えたというが、差出人としてどういう署名をしたのか、知りたいことは山々あるが、答えはなかなか得られない。

とにかく、清衡は七十三年の生涯を通じて、位は「正六位上」どまり、官は「陸奥国押領使」であった時期があった、というほどの記録が辛うじて残っていたにすぎない、といっておく。

ところが、である。「供養願文」の次なる記述に注目しなければなるまい。

……弟子（清衡）は東夷《とうい》の遠酋《おんしゅう》なり……謬《あやま》って俘囚《ふしゅう》の上頭《じょうとう》に居《お》り、出羽・陸奥の土俗は風に従う草の如く、粛慎《しゅくしん》・挹婁《ゆうろう》（共に中国古代の北方民族）の海蛮《かいばん》は陽《ひ》に向かう葵《あおい》に類《に》たり。垂拱寧息《すいこうねいそく》三十余年。然る間、時《もと》より歳貢《さいこう》の勤《つとめ》を享《う》け、職業を失うこと無し……是を以て貢職《こうしき》の羨余《せんよ》を調べ、財幣の涓露《けんろ》（わずかの意）を抛《なげう》って、吉土を占いて堂塔を建て、……

右の初めに、清衡は「東夷の遠酋」であるとか「俘囚の上頭」（俘囚とは蝦夷の一形態）という地位にいる、とあった。これらは、もちろんのこと、国家の定めた正式の官職などではありえず、清衡が自らそう称した可能性が高い（この「供養願文」は清衡本人が起草したのではなく、右京大夫《うきょうのかみ》藤原敦光《あつみつ》なるものが草したというが、いちおう、清衡の意向も取り入れられていたとみられている）。だが、昨今では、これらを清衡の何らかの権限執行の根拠にする考え方が流行しているようである。

さて後半に、「歳貢の勤を享け、職業を失うこと無し」とか「貢職」などとでてくる。この歳貢の勤、貢職は同義であろう。要するに、奥羽から中央への貢物（租税や交易雑物《きょうやくぞうぶつ》等）を集め送り届ける職務をいうのであろう。その勤めを三十余年休まず勤め上げた、といっているのである。

右を清衡が現実に担った職務であったとして、その職務遂行全般を考えてみると、㈠京進すべきものの調達（徴収、買収、今は問わない）、㈡その保管、警備、㈢京への運搬、警護、などに及び、潤沢な資金も多大な人手も必要となったはずである。

こう考えていくと、これは国守の仕事にほかならないということになる。しかし、清衡は国守ではない。いや、奥州地生えのゆえに国守になることはできない。従って、強いていえば、清衡は国守からその仕事を請け負ったということになるが、現実的には国守業務代行者の立場に立ったも同然であった。前述したような奥州藤原氏の手元に奥羽両国の省帳等が存在した理由もこの辺に求めうるかもしれない。どうも話がだんだんと大仰《おおぎょう》になってきた。

以上に述べたことが、清衡がいう「東夷の遠酋」「俘囚の上頭」などの職務であるとするなら、国家制度の面からいってあまりにもお粗末な捉え方といわざるをえない。それならむしろ、清衡の「権大夫」を「ごんのかみ」とでも読み、事実上の権守の別表記と解釈する方がまだましかもしれない。

しかし、それより、歳貢の勤と押領使との関わりいかんを考えるべきではないだろうか。以下、項を改める。

押領使とは

押領使は、前述した元慶《がんぎょう》の乱に際し「陸奥押領使大掾《だいじょう》藤原梶長《かじなが》」と初めて史書に登場する（『三代実録』元慶二年六月七日・十六日両条および『藤原保則伝』にもみえる）。これは戦時の押領使任命例で叛徒（この際は秋田城下の「夷俘」である）鎮定を目的とすることはいうまでもない。また、梶長の位階は不明だが、陸奥国大掾（大国陸奥の三等官上席）の相当位は正七位下である（ちなみに守は従五位上、介は正六位下である）。

平時押領使の例としては、寛弘《かんこう》三年（一〇〇六）三月九日、陸奥国司が正六位上平朝臣《たいらのあそん》八生《はっしょう》なる「雄武抜群」なるものを押領使に任命したいと太政官《だいじょうかん》（律令官制の最高行政機関）に解《げ》し（解とは下位官庁より上位官庁へ上申することをいう）、許可を得ていた（これで任命の手続きが判明したであろう。『類聚符宣抄《るいじゅうふせんしょう》』）。また、同年四月十一日に淡路《あわじ》国司が正六位上高安《たかやす》宿禰為正《のすくねためまさ》を右と同様の手続きで押領使にしていた（『朝野群載《ちょうやぐんさい》』）。

要するに、押領使には武芸に長じているものを選び、その任務は暴徒平定、奸悪者逮捕に当たることであった。

仮説・清衡押領使任官事情

清衡が押領使になれる状況について考えてみたい。それは、後三年の役後（寛治元年〈一〇八七〉以降）、独立独歩を始めてからである。以後、彼の名が記録に現われるのは寛治五年（一〇九一）の関白への貢馬であり、同六年には陸奥国藤原基家《もといえ》からの解文によると「清平、合戦を企つと云々、制止を加えるといえども拘《とど》められずか」とあった（『中右記』同年六月三日条）。その後、私の年表によると清衡関係記事の空白は十二年ほど続く。

そこで、その頃の奥州事情を別の面から眺めてみよう。何か手掛りが見つかるかもしれない。

陸奥守の人事についてである。後三年の役終了後、源義家の後任に誰が任命されたかである。

寛治二年正月二十五日、いうならば官人としての勤務評定に疑惑というか何か問題のある藤原基家なる人物が陸奥守に任ぜられたのである。この人事、「若《も》しくは故《ゆえ》有るか」と何か裏があるのではないかと人々はひそひそ噂を立てたという（『中右記』同日条）。しかし、この人、同七年（一〇九三）九月十七日に「任国《にんごく》（陸奥国）で卒去（四位・五位のものの死をいう）」したというから（『後二条師通記』同日条）、陸奥国に確実に赴任していた。

ともかく、基家が寛治二年中頃までにでも陸奥国に赴任してきたとすると、多分、同国では後三年の役の後遺症がなお十分に払拭《ふっしょく》されていなかったのではないだろうか。従って、基家の陸奥守としての急務は同国の政情安定を図ることであった。そのためにも、現今の奥州情勢把握を急ぎ、地元の在庁官人その他の意見を徴したであろうと考えたい。彼が知りたかった情報のなかには、どこの誰が実力者であるかということも含まれていたはずである。国守たるものはこういう人物を懐柔、うまく利用することこそ最も得策と判断すべきである。

清衡は前述もしたが、基家赴任後満四年も経っての寛治六年（一〇九二）に詳細不明であるがどうやら国守の制止を振り切って合戦を企てたというのである。このことは、仮に前述したごとくに、基家が清衡に接触し懐柔しようとしたが、清衡は素気ない態度をとり続け、挙句の果てに国守の声を無視してのこれ見よがしの合戦であったのかもしれない。これは、清衡の政治的駆け引きであったのか。

といっても、清衡の目的が奈辺《なへん》にあったかは判らない。父経清が五位であったと知ってもそれはもう三十年も昔のこと。国司や鎮守府官人等を望んでも無理なことは判っていたであろう。郡司では陸奥国中に威を張るわけにはいくまい。そうなると、押領使あたりか。結局、両者の妥協点はこの辺に落着いたのかもしれない。

この推定からすると、その任官時期は寛治六年後半から同七年、基家卒去の九月以前、となるであろう。同時に、叙位もとなった可能性も考えられるが、その位階については全く判らない。正六位上が清衡の極位《ごくい》（その人の到達した最高の位階）であったとみられることを参考にしたい、とのみいっておく。

以下は余談である。律令に「蔭位《おんい》」制が定められている。貴族の子供優遇策といってよい。「選叙令《せんじょりょう》」

一位嫡子──→従五位下	庶子→正六位上
三位嫡子──→従六位上	庶子→従六位下
正四位嫡子→正七位下	庶子→従七位上
正五位嫡子→正八位下	庶子→従八位上
従五位嫡子→従八位上	庶子→従八位下

五位以上条によると、五位以上有位者、つまり、古代貴族の子が二十一歳になり宮仕えを望んだ場合、父の位階によって然るべき位階を叙位されるという。若干例を引くと、上表の通りである。世が世であるならば、清衡は経清の嫡子であったから二十一歳の時、正八位下か従八位上に叙位されたはずである。

律令という法規では、位一階上る、ということは、数年間（官によって六年・八年・十年などの年限が定められていた）の成績によってようやく一階昇進できるという苛酷な制度であったから、蔭位制を適用されるものの有利性が判るであろう。

「供養願文」にあるように、清衡が正六位上のままで生涯を終ったとすると、それは貴族の末席従五位下の一階下位であった。清衡は貴族への一歩手前で終ったことを物語ろう。これが、当時の奥州藤原氏についての中央の評価であったともいえよう。

押領使と歳貢の勤とは両立するか

清衡は二つの職務を兼務することになったとする。果たして、矛盾なく両職務を遂行できたであろうか。

押領使の任務は、一言でいえば国内の治安維持に尽きる。これは本来、国守の職務であったが、それを押領使に委譲したことになったわけである。

歳貢の勤、貢職について前述したところを再びいうと、

(一)　京進すべきものの調達

(二)　その保管、警備

(三)　京への運搬、警護

であった。

これも結局は国守の果たすべき職務であるが、清衡がそれを三十余年もの間行ったというのであれば、現実には国守から委託され、請け負ったとしか考えられず、国守業務代行者になったといってよく、場合によると実質的な国守そのものであったとまでいえるのかもしれない。

奥羽から京送したものといえば、砂金・馬・動物の皮革・布類・海産物・米などなどであった。これら調達法には、国司買上げあり、徴収あり、などであった。そこで、(一)では調達が円滑にいくように押領使が目を光らせることもあったろうし、(二)では盗賊対策、(三)の京都への輸送（この時代の輸送法については詳しくは不明。かつては逓送《ていそう》が原則であった。甲国から発すると乙国までは甲国の責任で送り、乙国に入ると次の丙国までは乙国の責任でと順送りすること）についても押領使ないしはその部下が警護する必要が生じたことであったろう。つまり、

押領使の出番もあるといえる。

要するに、一人での二役両立は可能となり、両立することで、清衡の立場は公的にもますます強固になっていくといえるであろう。

ところで、問題が一つ残った。出羽国からの歳貢はどうなるのか、ということである。清衡が出羽押領使であったという記録はない。記録のことをいうと、歳貢の勤などは「供養願文」にみえるだけであったし、それには「出羽・陸奥の土俗は風に従う草の如く」ともあった。これらを根拠にすれば出羽からの歳貢の勤も清衡が果たしていたと解釈せざるをえなくなる。彼が出羽押領使でなくとも、遂行はもちろん可能であったとみる。

清衡伝説の存在

清衡死後、彼の肩書は何と記録されたかを、気のついた限り、年代順に並べておく。

『古事談《こじだん》』といえば十三世紀初期成立の説話集であるが、「鎮守府将軍清衡、砂金千両を寺僧千人に施す」とあった（第五神社仏寺）。

「正和《しょうわ》二年（一三一三）極月《ごくげつ》（十二月）吉日大衆訴状」に「淡海公《たんかいこう》（藤原鎌足の子、不比等《ふひと》）の後胤、前之陸奥守藤原朝臣清衡、十万五千両の沙金を宋朝帝院に送り奉り云々」とあったし（『奥州平泉文書』）、「供養願文」（今、正本は伝わらず写本二通あり）の前少納言藤原輔方《すけかた》筆と伝わる写本の奥書に嘉暦《かりやく》四年（一三二九）八月二十五日（同月二十九日元徳《げんとく》改元）とあり、端書《はしがき》に「大檀那陸奥守藤原朝臣清衡」とあった。

また、「建武《けんむ》元年（一三三四）八月日大衆訴状」（二通存するも共に控書、以下、「大衆訴状」という）の㈠に「長治《ちょうじ》二年（一一〇五）二月十五日　出羽陸奥両国大主藤原朝臣清衡、最初《さいしょ》院《いん》を造立す」とあり、㈡にも同趣旨の記述があるが、清衡については「出羽陸奥両国々司藤原朝臣清衡」となっていた（同文書）。

さらに「天正《てんしょう》二十年（一五九二、十二月八日文禄《ぶんろく》改元）二月二十五日経蔵別当職の事」という文書には、「当国（陸奥国）大守鎮守府将軍藤原清衡朝臣」と記されていた（同文書）。

以上が誤りであることはいうまでもない。では、十四世紀末近くに原型成立かとみられている『尊卑分脈』がいう押領使は信用できるのかと問われると答えに窮するが、同書は信用できる部分を多くもっているという評価を頼りにしているというのが正直なところである。

とにかく、奥羽、特に平泉地方の人々の間には、清衡思慕の念が長く残り、その追憶の世界にある清衡は陸奥守あるいは鎮守府将軍などになって当然であった、または、かくあるべきであった、という期待感もあって祭り上げられたのであろう。これは立派な清衡伝説である。

官位について沈黙する基衡

基衡のことに移る。この人の歴史への登場の仕方はまことに劇的であった。父清衡死去の翌大治四年(一一二九)の「清平二子合戦」(『長秋記』同年八月二十一日条および同五年六月八日条)を勝ち抜いて平泉二代目の地位に座ったのである。

このように、この人、やることなすこと、華々しいというか、騒々しいといったら本人は不本意か、なら賑々《にぎにぎ》しくとでも言い換えるか、彼の動静は地元奥州の国守をはじめ都人士の貴族や法皇をもきりきり舞いさせたのであり、その種の逸話には事欠かない。その一方で己の履歴については、我々にほとんど何一つ確かなことを教えてはくれない。

とにかく、基衡についての官の記録というと、息秀衡死去に関連し「出羽押領使基衡男云々」とあること(文治三年〈一一八七〉十月二十九日条)、および『尊卑分脈』には「六郡押領使」「出羽押領使」とみえていること、などを知るのみである。「六郡押領使」とは何か。文字通りに解すれば、陸奥国内限定地域、いわゆる「奥六郡」の押領使となろうが、それにしても妙な表現である。

基衡は清衡の後継者であるから、父の地位はもちろん引き継ぐ。その地位に伴う仕事が公的なことであるなら公的官職を必要とするであろうから、父と同じ官職に任命されて然るべきであろう。こう考えていくと、基衡が陸奥国押領使であってもおかしくはない。

六郡押領使とは、陸奥国押領使の別称であったのであろうか。右の件はこれ以上言及の仕様もないが、出羽国押領使の件は信用できそうである。

では、なぜ、基衡が出羽国押領使なのか。それは、父清衡の時代からさらに一段と奥羽支配を確実にするためにも陸奥国押領使以外に必要とした官——父清衡に欠けていた出羽国押領使——であったからに違いない。

例の清原実俊が、基衡について「果福《かふく》父に軼《す》ぎ（栄誉は父を抜いた、の意か）、両国を管領す」といったことはこのことを意味していたのではなかろうか。

基衡が有位であったか否かはついに判らないし（押領使であれば、清衡と同じような位階が考えられよう）、その最期についても同様である。

都人《みやこびと》にさまざまな話題を提供し、不快感を与えたり、侮蔑の対象にされたり、あるいは、その底知れぬ財力に対しても羨望や嫉妬の念を抱かせたりしたわりには、基衡の死について都の貴族たちはその日記などに誌すことはなかった。その死が伝わらなかったとは考えられない。「おくのえびすもとひら」（『今鏡』）は死んだのか、と知りながらもあえて無関心を装ったのであろうと思われる。

時代は「武者ノ世」に

清衡から基衡へと代替わりした奥州藤原氏は変わった。それは単に個人の資質の違いに基づくことではなく、時代の変化という底流にも影響を受けてであった。

時代の変化といえば、応徳《おうとく》三年（一〇八六）に院政が始まる。後三年の役終了前年のことであった。

白河院政　応徳三年（一〇八六）開始〜大治四年（一一二九）終了（白河法皇死）
鳥羽院政　大治四年（一一二九）開始〜保元元年（一一五六）終了（鳥羽法皇死）
後白河院政　保元三年（一一五八）開始〜建久三年（一一九二）終了（後白河法皇死）

と、いわゆる三代の院政期間を年表風に書いてみると、奇妙というべきか奥州藤原氏三代の歴史とほぼ重なるのである。

白河院政開始（一〇八六）と清衡自立（一〇八七、後三年の役終了時）
鳥羽院政開始（一一二九）と清衡死去（一一二八）、基衡時代開始（一一二九）
後白河院政開始（一一五八）と基衡死去（一一五七）、秀衡時代開始（同）

であり、かつ、後白河法皇死去（一一九二）と秀衡死去（一一八七）、泰衡死去（一一八九）のごとくであった。

この間、保元の乱（保元元年〈一一五六〉）、平治の乱（平治元年〈一一五九〉）が起こり、保元元年七月二日、鳥羽院ウセサセ給ヒテ後、日本国ノ乱逆《らんげき》ト云事ハヲコリテ後、ムサ《〔武者〕》ノ世ニナリニケル也。

と、慈円《じえん》が保元の乱後、日本国は「武者ノ世」になったと指摘した通りである（十三世紀前半成立の『愚管抄《ぐかんしょう》』）。

院政開始、摂関家の威勢下り坂、武士が歴史の主役に登場しつつある。時代はこう動いていく。この間、奥州藤原氏も変わった、といわねばならないが、一体、どう変わったのか。私はこの際、低姿勢から高姿勢へ転じたのではないか、といいたい。奥羽両国内に対しても京都の諸勢力に向かっても、である。

我々は前述したような歴史の変遷を、いうならば後知恵で知っている。だが、奥州藤原氏歴代の面々はもちろんそうした展開になるなどとは思ってもみなかったであろうし、細かい筋道など全く考えつくまい。しかし、彼らとて時代は変わりつつある、という風《かぜ》を察知していたか、控え目にいえば、変化の胎動を時に感じたのではないか、ほどをいっても許されるであろう。

官位、父祖を越えた秀衡

秀衡の時代、日本はまさに激動の時代に突入した。秀衡の官位の記録を二点掲げる。

嘉応《かおう》二年（一一七〇）五月二十五日　除目《じもく》（官職任命）

鎮守府将軍藤原秀衡、即ち位は従五位下

がまず第一点である（『兵範記《へいはんき》』同日条）。

第二点は、養和《ようわ》元年（一一八一、治承五年七月十四日改元）八月十四日夜に除目があり、以下のように決まったこと。

陸奥国　守従五位下藤原朝臣秀衡

である（『吉記《きっき》』同月十五日条。『玉葉』同日条に「去夜、除目有り」と記す）。

念のため、『吾妻鏡』にも秀衡の任官、叙位についての記事がみえるので掲げておく。

出羽押領使基衡の男、嘉応二年五月二十五日、鎮守府将軍に任じ、従五位下に叙す。

養和元年八月二十五日、陸奥守に任じ、同日従五位上に叙す。

とあり、陸奥守任官の日にちに十日の違いと位一階昇ったとある点が貴族の日記と異なるところであった。

何であれ、秀衡の鎮守府将軍や陸奥守任命はまことに破天荒の出来事であった、といわなければならない。

右の官などに任ぜられるのは京都の貴族に限られており、地方出身者がいかに有力であっても就任できる見込みはまずはない官であった（地方有力者は郡司に任命される）。なお一言いっておくと、古代では官には文官・武官の別はあるが（たとえば「内外文武官、云々」という法がある。「選叙令」任内外官条）、任ぜられる人については生涯文官一筋であったとか職業軍人たる武官などの区別はなかった。

それはともかく、いくら秀衡が秀郷《ひでさと》流藤原氏の末裔で、五位経清の曾孫《ひまご》であろうと、現実には中央からは一介の「奥州夷狄秀平《いてきひでひら》」「陸奥住人秀平」とみられていたにすぎなかったのである（この表現は、『玉葉』嘉応二年〈一一七〇〉五月二十七日条および養和元年〈一一八一〉八月六日条にみえる）。それがいきなり従五位下を授けられ、鎮守府将軍に任じられ、やがて陸奥守にもなるのであるから、これは大変なことであった。

地元平泉の反応はいかん。現今なら、さっそく花火を打ち上げ、祝賀の提灯行列、加羅御所か平泉館で万歳三唱、などといくところであろうが、実は、何一つ伝わってはいない。

貴族たちの反応

一方、京都の貴族たちにとっても、秀衡の鎮守府将軍任命などは驚天動地の人事であり、詳しくは後述するがこの人事はおそらく平氏が背後にあっての政治がらみの結果であると思われるから、貴族たちはいっそう腹立たしい思いに駆られたはずである。

秀衡の従五位下叙位、鎮守府将軍任命について、正二位右大臣で二十二歳と若い九条兼実《くじょうかねざね》はその日記『玉葉』に推定四十余歳の秀衡に対し「奥州夷狄秀平を鎮守府将軍に任ず。乱世の基《もとい》なり」と記した（嘉応二年のこと。遺体調査の結果、秀衡の死亡年齢は五十〜六十歳と推定されている。第五章参照。ここでは仮に六十歳と考えた）。辺境奥州の夷狄よ、田紳《でんしん》、田舎者風情よと蔑視していたものがなんと五位よ、鎮守府将軍かな、と慨嘆を露わにしていた。

秀衡の鎮守府将軍はほぼ六年間、安元《あんげん》二年（一一七六）まで続いた（任期は一応五年である）。前述したとおり、同年三月十六日、亡父基衡二十年忌写経が終ったが、その経文の奥書に「大檀主鎮主《（守）》府将軍藤原秀衡」と署していた。その同月三十日、将軍は陸奥守正五位下藤原朝臣範季《のりすえ》が兼任することになった（『玉葉』同日条）。

さて、次に陸奥守の件である。時代背景を簡単にいっておくと、治承四年（一一八〇）、いわゆる源平合戦がはじまる。

すでに、秀衡についての人事を政治がらみといったが、陸奥守任官こそその最たるものであった。その政治がらみの話はここでは避け、貴族の反応のみを指摘しておく。

嘉応二年から十年は過ぎている。秀衡は五十数歳か。兼実は健在で三十三歳、従一位右大臣である。彼は記す。「此の事（「陸奥守藤原秀平」の除目である）、先日議定《ぎじょう》有りし事なり。天下の恥、何事か之《し》に如かんや。悲しむべし、悲しむべし。大略は、大将軍（平宗盛《むねもり》）等、計略を尽し了《お》わんぬか」（『玉葉』養和元年八月十五日条）と。また、四十歳で正四位下の参議《さんぎ》藤原経房《つねふさ》は「秀衡、助職《すけもと》（平助職。秀衡と同時に越後守に任ぜられた）の事、人以て嗟歎《さたん》（なげく）す。故に記録すること能《あた》わず」（『吉記』養和元年八月十五日条）と書いていた。

その後六年、文治三年十月二十九日、秀衡は「日来、重病、恃《たのみ》少なきに依り」と、常日頃、病に臥していたがにわかに命旦夕《めいたんせき》に迫り死去したという（同日条）。

鎮守府将軍にしても陸奥守であっても、秀衡自身が渇望して院や貴族や平氏等々に運動した結果ではもちろんなく、結局は、時代の流れがそうさせたということであった。

なお、『吾妻鏡』には、泰衡の死に関連し、本人を「陸奥押領使」とし、かつ、「文治三年十月、父の遺跡《ゆいせき》を継ぎ、出羽陸奥押領使と為り、六郡を管領す」ともあった（文治五年九月三日条）。秀衡の遺跡とは、出羽陸奥押領使を指すことになろう。両国押領使は奥州藤原氏の世襲するところであった感がする。

「継絶興廃」とは

清原実俊は、秀衡へのいわば論賛として「絶ゆるを継ぎ廃るるを興し」たと述べた。これはいったい、どういう意味で、具体的にはどういうことをいっているのであろうか。

この言葉は、前に何か説明があってその結論だったのか。それとも、この言葉の後に説明が続いたのか。とにかく、頼朝が納得するような話の次第でなければならなかったはずである。

「継レ絶興レ廃」については、この際、「継絶」、「興廃」を熟語としてその意味を求めるまでもなく、訓み下したままをそのとおりに素直に受け取れば十分であると思う。

すなわち、秀衡が基衡の跡を継いだ時、奥州藤原氏が継続してきた何事かが、いつの頃からかは判らないが、とぎれたことを知り（「絶ゆる」「廃るる」とはこのことを指す、ととる）、その何事かを自分の代で復興させた、ということになるのではないだろうか。文意の解釈は以上に尽きるであろうが、では現実に具体的にどういうことであったか、と問うと、にわかには答えられない。

そこで、初代清衡が「はじめてしたこと」「はじめてえたもの」「やめたこと」などについて考えてみる。

まず、はじめてしたことを書きだす。

(甲)　奥羽両国内対策

①豊田館から平泉へ移転

②支配圏拡大、充実

③寺院建立

(乙)　対外（京都・宋など）対策

①朝廷・院「歳貢の勤」、貢馬・貢金
②摂関家と接触、貢馬、荘園管理
③各種物品の移入・輸入

次に、清衡がはじめてえたものについては左の通り。

(丙)　官位
①陸奥押領使（『尊卑分脈』）
②正六位上（「供養願文」）

逆のこと、清衡の代でやめたことはどうか、である。

(丁)　源氏（この源氏は一三五頁の系図に示した清和源氏の頼義から義経に至る五人を指す）との縁が切れたこと

を挙げることができる。ただし、これは清衡の意志だけでそうなったとはいい切れない。後三年の役中は、源義家とは敵対、服従という関係をもった。役後、義家は陸奥守を解任され陸奥国を去ったため、清衡と源氏との関係は途切れ、そのままになってしまったのである。源氏はそのため、代々、奥羽に恨みを残すことになる（清衡父経清も源氏と敵対した。経清やその先祖と源氏との関係については後述する）。

以上を、二代目基衡は継承したか否か、である。検討してみる。

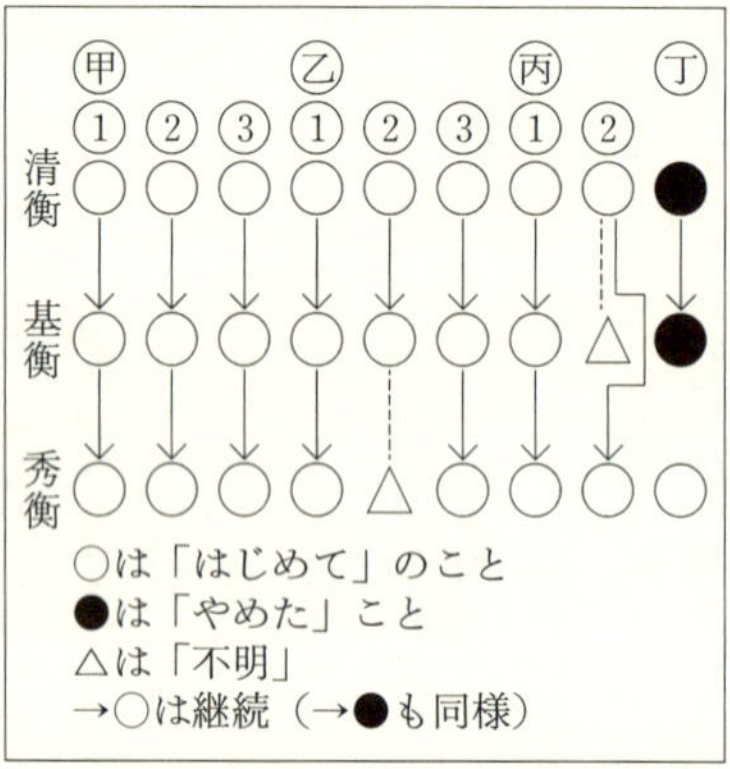

(甲)-①は基衡以降もちろん継続。②も肯定していいし、③は周知の通りで継承した、である。

(乙)-①で貢馬の史料が残る。『兵範記』仁平《にんぴょう》四年(一一五四、十月二十八日久寿《きゅうじゅ》改元)九月二十九日条「鳥羽城南寺祭、競馬五番有り」の五番について「右、番長秦兼依《はたのかねより》、勝、基衝〔ママ〕(衡)二鹿毛《かげ》」とみえる。基衡の貢馬であろう。「歳貢の勤」について確認はとれない。もっとも、清衡の場合もそういうことをしたというだけが伝わり、実態についての史料はない。②の荘園管理は明白だし、③も継続と考えてよい。

(丙)について、①は『吾妻鏡』に出羽押領使とみえ、『尊卑分脈』では出羽押領使と六郡押領使(陸奥押領使の別称か)とあった。②は不明だが、出羽押領使が確実なら有位の可能性はあろう。

(丁)はそのままで、基衡と源氏との接触はない。ただし源氏の方は源為義《ためよし》が陸奥守を所望したが、陸奥国は源氏にとってなお「意趣残る国」だから、為義を陸奥守にすると基衡と一波瀾起こるかと危惧され許されなかったという話(古活字本『保元物語』)がある。

さて、秀衡時代もあわせて、以上の結果を表示してみた。その表から「継レ絶興レ廃」とは(丁)の奥州藤原氏と源氏との関係が該当するとなった。それはいうまでもなく、源義経を庇護したことである。清衡＝接触→断絶…基衡＝断絶…秀衡＝復活、となった。果たして、的を射た結論であったろうか。

3　「白河関より外ヶ浜に至る」

支配の総決算は

奥州藤原氏は陸奥・出羽両国を支配した、支配下に置いた、あるいは、支配領域とした、などというように評されるのが通説というか定説のごとくになっている。そして人は、特にそのことを怪しむこともなく、多分、漠然と納得した気になって受け入れているのではないだろうか。

ところで、律令国家が定めた陸奥・出羽両国の国域の北限はどこか、については正確なところはいいようがない。十世紀頃には、大体、盛岡市と秋田市とを結ぶ線辺りを北限とするとみておこう。つまり、岩手・秋田両県北部と青森県とは律令国家の国域になったことはな

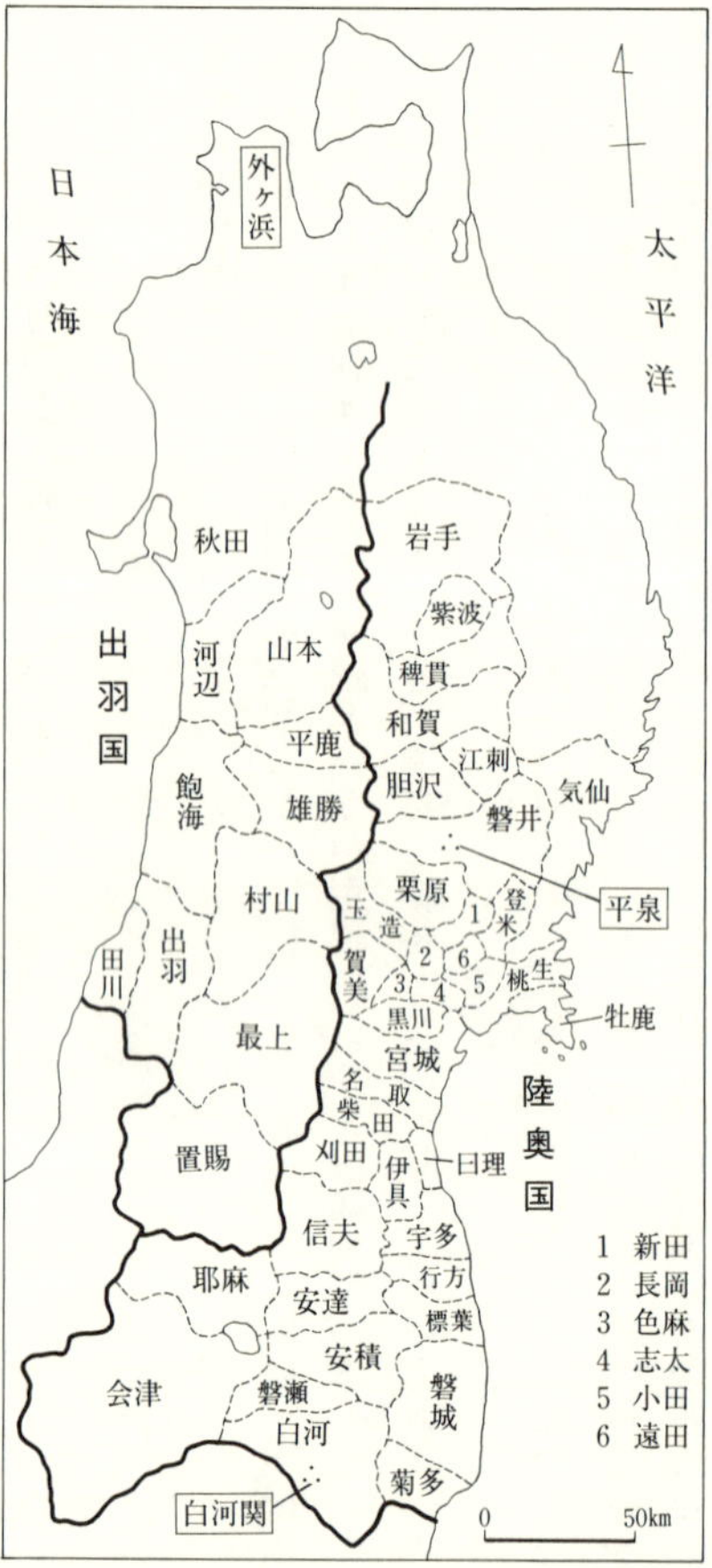

かった。

それ以北は、そうなると、律令国家領域ではなく、従って、公領という言い方も相応しくなく、国家側は、蝦夷・俘囚居住地とみていたにすぎない。「徼外《きょうがい》の蛮陬《ばんすう》」（国境外の野蛮人の住むところ）である（「供養願文」）。以後、この地域はしばらくこの状態が続く。十一世紀、両国国域の北端近くに「奥六郡」「山北三郡」が存し、古代末期で中央政府の威令衰えたりといえども国守は派遣されるし、荘園も存しその領主たる有力貴族は京都にいる。土地の所有関係は単純ではなく、人間関係もまた然り、であった。

もちろん、清衡をはじめ基衡も、秀衡もが、その辺の事情は十分に承知しながら、支配に向かって突っ走ったに違いない。

以上から、根拠地たる「奥六郡」からの北上、南下、その難易のほどは察しがつくであろう。

その総決算が、奥州藤原氏は「白河関《しらかわのせき》より外《そと》ヶ浜《はま》に至る」、つまり、福島県中通《なかどお》り南端の白河市辺（陸奥国南端）を南限とし、北は青森県津《つ》軽《がる》半島の津軽海峡に臨む海岸（たとえば三《みん》厩《まや》村）まで——これが奥州藤原氏支配の奥羽両国全域という意になる——を支配領域とするに至った、ということになるのである。しかして、確実にそうなるのは、三代のうち誰の時代であったとみるべきであろうか。

泰衡、総決算書を突き付けられる

「判官贔屓《ほうがんびいき》」の人は、泰衡を憎むであろう。また、頼朝をも。しかし考えてみると、泰衡は大変な時代に、さしたる器量もないままに父秀衡の跡を継ぎ、父の遺命に背き、やることなすことことごとく裏目にでて、ついには非業の死を遂げたのであるから、哀れな男であった、といえよう。

秀衡は文治三年（一一八七）十月二十九日に死去した。すでに源義経は二度目の平泉入りを果たしており、それを察知した頼朝方は色めき立っていた。

間もなく、義経追討の宣旨《せんじ》が下される。そのいくつかを紹介するが、宣旨の全体はともかく、泰衡の、というより、今更のように代々の奥州藤原氏の所業を断罪している箇所を取り上げる。

今、奥州藤原氏の「所業の断罪」と書いたが、それは宣旨を読めばそうとしか表現できないから書いたのである。

ここで読者諸賢に注意を喚起しておくが、第一章の2「奥州藤原氏百年の記録焼失」を想起してほしい。奥州藤原氏側とすれば、もちろんのこと宣旨への反論もあっただろう。その根拠となる理屈もいいたかったであろう。しかし、そうした声は今となっては一切我々に届くことはないのである。といって、私が奥州藤原氏に代わって代弁する自信もない。できることといえば、史料を提供するだけである。

㈠ 文治四年（一一八八）二月二十一日に宣旨が下されている。その一部を引く。

風聞の如くんば、前民部少輔基成《さきのみんぶしょうもとなり》、幷びに秀衡法師子息泰衡等は、彼の梟悪《きょうあく》に与《くみ》し（義経と同心して）、すでに鳳銜《ほうがん》（詔）に背き、陸奥・出羽の両州を虜掠《りょりゃく》し、国衙・庄家の使者を追い出す。普天《ふてん》の下、寰海《かんかい》の内、何れか王土に非ざらん、誰か王民に非ざらん。
（文治四年四月九日条）

ここで藤原基成について説明しておく。基成は康治《こうじ》二年（一一四三）陸奥守（四月一日。この時、「基盛」とある）、鎮守府将軍（六月二十九日、以上『本朝世紀《ほんちょうせいき》』）となり、陸奥国へ下向、以後、長く陸奥守であり、いつしか、図のように、その娘は秀衡の正室となり泰衡が生まれる（泰衡の没年齢は二十五歳説、三十五歳説とがある。中尊寺金色堂に忠衡のものとして伝えられてきた首級が、実は泰衡のものということがはっきりし、歯の検査等から二十五歳説が唱えられている。それによると、生年は永万《えいまん》元年〈一一六五、長寛《ちょうかん》三年六月五日改元〉となる。三十五歳説によると久寿二年〈一一五五〉生まれとなる）。基成は後に民部少輔になるが、平治の乱（一一五九）に首謀者藤原信頼《のぶより》に縁座して陸奥国に流される。秀衡は彼を平泉に迎え厚く遇した。後、義経はこの基成の「衣河館《ころもがわのたち》」にかくまわれていたところを泰衡に襲われるが、そういうわけで義経と一味同心と目されていたのである。

基衡―秀衡
　　　　‖―泰衡
基成――女

㈡　同年十月十二日宣旨はいう。

泰衡は、祖跡を四代に継ぎ、己《おの》が威を一国に施す。境内の俗、誰か随順せざらん。（十月二十五日条）

㈢　文治五年七月十九日宣旨。

> 陸奥国の住人泰衡等、梟心《きょうしん》の性を稟《う》け、雄を辺境に張り、或いは賊徒を容隠し猥《みだ》りに野心を同じくす。或いは詔使に対捍《たいかん》して朝威を忘るるが如し。結構の至り、すでに逆節に渉るものか。加之《しかのみならず》、奥州・出州の両国を掠籠《りゃくろう》し、公田《くでん》、庄田の乃貢《のうぐ》（「のうこう」とも。年貢・田租のこと）を輸《いた》さず、恒例の仏神事、納官・封家の諸済物《さいもつ》（貢物）、其の勤空しく忘れて、其の用を欠かんと欲す。奸謀一に非ず。厳科《げんか》（厳罰）遁れ難し。宜しく正二位源朝臣（頼朝、同年正月五日正二位）に仰せて、其の身を征伐し、永く後濫《こうらん》を断つべし。（同年九月九日条）

泰衡が奥州藤原氏の四代目であることは確かである。だがそれは、父秀衡が死去した文治三年十月二十九日に「父の遺跡を継」いでからのことであり、㈠の宣旨発布までわずかに四ヶ月足らず、㈢の宣旨とて一年十ヶ月弱しか経っていない（文治五年に閏四月あり）。それにもかかわらず、奥州藤原氏歴代の所業があたかも泰衡一人の仕出かしたことのようにいわれ声高に責められていた、といってよい。

以上はすべて泰衡生前の宣旨であり、結局は頼朝の強い圧力によって発せられたのであるから、泰衡は悪の張本人であり、従って、奥州藤原氏歴代の所業もこれすべて悪と断罪されるに至ったのである。

泰衡にしてみると、過去の奥州藤原氏三代の総決算書を突き付けられて、弁解無用と一方的にまくし立てられた、というところであったろう。代々の奥州藤原氏がこれら宣旨を披見できたならば、呆れたり怒りだしたりするに違いない。鐚一文《びたいちもん》、京送しなかったわけではない。「歳貢の勤」を果たしたではないかと清衡はいうだろう。貢馬《くめ》・貢金《くきん》などに応じたではないかと秀衡はいうだろう。

以上、義経および泰衡追討の宣旨から、はしなくも、奥州藤原氏の奥羽支配総決算書が公表されたことになった、といえよう。

平泉移転について

清衡は、江刺郡豊田館から磐井郡平泉へ移転した。問題は、いつ、いかなる目的なり理由があって移転したのか、である。

いつ、といったところで現実は単純ではない。事は、移転を考慮することからはじまる。これは動機はなにかである。決まればどこへということになり、それも決定すれば、移住先での具体的建設作業開始となる。移住は一部建物が成るに従ってか、それとも全作業完成後か。従って、いつ移転したかという問いに対しては、常識的に考えれば移住完了年を指すはずであるが、移転決定時期の特定も移転理由解明につながる可能性もあろうから考えてみる必要もあろう。

今、豊田館址と伝えられている江刺市餅田《わだ》の地は北上川左岸、道路脇の小高い丘陵地帯の先端にあり、館址に登り周囲を見渡しても特に閉塞地という感もしない。ここを去り、平泉へ移転することに決めたとするなら、平泉の利点を考えてみることが先決であろう。

そうはいっても、こうした点についての見解はほぼ出尽している感が強く新しい考え方を追加することは難しい。

平泉は北上川の右岸、その北上川へ東流してそそぐ衣川《ころもがわ》の南にある。衣川、この辺は八～九世紀の交頃の律令国家とその奥地の蝦夷勢力圏との境界線であった。十一世紀後半代、安倍頼時の「衣河遺跡」「衣関《ころものせき》」(あるいは『陸奥話記』に「衣川関」)が設けられたこともあったし、そこは西へ白河関まで東は外ヶ浜までそれぞれ十日余の行程(文治五年九月二十七日条)。そこで「注文」は平泉は「当国の中心」、陸奥国の中心だという。衣川を越えて平泉に拠点を構えたということは、清衡の「当国南半」支配への決意表明であったと理解したい。加えて、平泉は陸上交通の要衝であり、また、北上川水運の便も考えられる。平泉移転の目的なり理由について、今のところ以上に尽きるであろう。

次に時期である。既述した通り清原実俊が語ったという「康保年中」は誤りで、「嘉保」か「康和」のいずれかの誤写に違いない。この件、字面《じづら》や崩字《くずしじ》などを考えても埒が明かない。これも前述してあるが、清衡の平泉主であった期間は三十年余であるとする説が彼の生前、晩年の頃からあり（「供養願文」）、死後、三十三年となっていわば伝説化し、二代・三代の治世年数にまで影響したようである。

仮に右を根拠にすると、清衡死去の大治三年まで、満三十三年なら嘉保二年（一〇九五）から、足かけ三十三年なら同三年（同年十二月十七日永長改元）からとなる。

ところで手元の私の奥州藤原氏年表をみると、寛治六年（一〇九二）六月の合戦企図の情報以降、満十二年ほど後の長治元年（一一〇四）七月（右大臣藤原忠実《ただざね》への貢馬）まで清衡関係記事はない。彼の動静不明という期間である。

これは別に奇とするに足ることではないが、実はこの間の数年間、清衡は上京し宮仕えをしていたのではないかとみる向きもある（その宮仕え期間は、嘉保元年〈一〇九四〉五月四日以前から承徳《じょうとく》元年〈一〇九七〉正月三十日以降）。この件については第三章2の「清衡は平安京へ行ったことがあるか」で論及することになっているので、ここでは私の結論のみをいうと、清衡在京任官説には賛同しかねる、ということである。従って、平泉移転時期については右の考え方に左右されることはない。

私は、平泉移転は寛治六年六月の合戦と何らかの関わりがあるのではないかという気がしてならない。

この合戦は後三年の役後に残存していた反清衡勢力鎮定かとも考えたが、その考え方にそれは清衡の平泉移転について何かと障害となる勢力でもあったという見方を導入すべきか否か。あるいは、移転計画が進行中であったその間隙を縫ってある勢力が清衡排撃に動いたために惹起した合戦であったと判断すべきかどうか、である。

以上についてはいうまでもなく何の証拠も全く存在していない。ないけれども、我々には、合戦云々については全く唐突な印象のみを受けるゆえにたどりついた推測であり、それをさらに推量すると、平泉移転は嘉保年間が有力といわざるをえなくなるのである。

なお、嘉保年間移転に有利に作用する史料を紹介する。「大衆訴状」によると、中尊寺の「最初院」造立は長治二年(一一〇五)二月十五日、「大長寿院」(「注文」では「二階大堂」)造立が嘉承《かじょう》二年(一一〇七)三月十五日、「金堂」建立は天仁《てんにん》元年(一一〇八)などとあった(『奥州平泉文書』)。これらが事実を伝えているとすると、嘉保二～三年(一〇九五～九六)から長治二年までは足かけ十年、康和元年(一〇九九)からでは同じく七年。しかし、「最初院」「大長寿院」「金堂」と、あたかも同時進行の観がある。そうなると着工は、嘉保年間と竣工まで間隔の長い方をとる方が現実的ではないだろうか。

王地押領、謀反を発すべし

これは鎌倉時代前半には成立していた説話集『古事談』『十訓抄《じっきんしょう》』に載っていた話である。

源俊明《としあきら》（醍醐《だいご》源氏）なる大納言《だいなごん》と清衡とに関わる話であるが、どうも説話集は年代に無頓着というか無関心というか、何年のことなどとは示さず、たとえば「大納言俊明卿」（『十訓抄』）と書けばそれで時期の見当がつくといわんばかりである。従って、まず、この話が起こった時期を考えなければならない。

俊明が大納言になったのは康和二年（一一〇〇）七月十七日、そして永久二年（一一一四）十二月二日に大納言で没していた（『公卿補任』。以下、按察使《あぜち》の件も同）。

その大納言に清衡がどう関わったかであるが、清衡は俊明が丈六《じょうろく》の仏像（立像のたけが一丈六尺〈約四・八五メートル〉の仏像）を造るという話を小耳に挟んだらしく――平泉と京都とをさまざまな人々が往来しており、それに伴って各種情報も彼我に伝えられていたことを物語るであろう――、では、薄料《はくりょう》（薄は箔、金箔）に御使い下さいと砂金を俊明に献じた、というのである。

ところが、俊明は受け取らず返却した。そのわけを人に問われた俊明はこう答えた。『十訓抄』によると、「清衡は王地を多く押領して、ただ今謀叛《むほん》（『古事談』は「謀反」、これは正しくは「むへん」であるが）を発すべきもの也。その時は追討使をつかはさん事定めて申すべき身なり」、従って「これによつて是（金）を取らずとのたまへり」と。

この談話から年代をさらにしぼることが可能になる。清衡が謀叛を起こせば、自分は追討使を派遣しなければならない身、立場にある、といったところに注目したい。

実は俊明は大納言という太政官の一員であるという事実に加えて、長治二年（一一〇五）十二月に大納言のまま按察使を兼ね、その兼官は嘉承三年（一一〇八、八月三日天仁改元）十月十四日に兼官を辞するまで続いた。俊明六十歳代前半のことで、清衡の砂金献上はこの頃のことと思われよう。

按察使とは八世紀初期に置かれた令外《りょうげ》の官《かん》で二〜三ヶ国ごとの国守一人を充て管内国司の政績等を調査させたが、同世紀末には廃《すた》れ、陸奥・出羽両国のみに残り、一応、両国守の上位の最高行政官ということになったが、それもやがて中納言・大納言などが兼任し名義ばかりのものになってしまう。

といっても、奥羽両国で何か大事件出来《しゅったい》の際、名目上の按察使とはいえ何らかの手を打つことはできないわけではない。要は、本人次第なのである。だから、陸奥住人清衡の行状に目を光らせ犯罪行為ありと断じた場合、追討使を遣わすこと（厳密にいえば、その手続きをとること）が可能であった。性明敏といわれた俊明である。この話、何やら出来過ぎという感もするが、全くの虚構とも思えない。

清衡とすれば、俊明はとにかく按察使であるし、白河法皇の信任厚い人物であるがゆえに接近を図ったに違いない。清衡五十歳代のはじめ頃であった。

それにしても、清衡が謀反《むへん》・謀叛《むほん》とはまことに恐ろしい表現であった。厳密にいうと謀反とは積極的に君主・朝廷への攻撃（刑は斬）、謀叛とは消極的で君主・朝廷からの離脱（刑は一等軽い絞、ただし実行者は斬）という違いがあった（「名例律《みようれいりつ》」八虐《はちぎやく》条、「賊盗律《ぞくとうりつ》」等）。ただし、平安時代後期以降は謀反も「むほん」となり、謀叛との区別は曖昧になってくるのである。

王地押領、この行為は「国家を危うくせんと謀る」行為である。これは本来、謀反に相当する。しかし、それを聞いたからとて恐れ入るような清衡ではなかった。次に紹介する史料を読めば、誰もがそうだと納得するはずである。

その史料とは『中右記』大治二年（一一二七）十二月十五日条である。清衡七十二歳、晩年、いや、死の七ヶ月ほど前のこと。すでに左側半身不随、病床に臥っている清衡であった。

陸奥守は前年二月から藤原良兼《よしかね》であり、その国解が引用されていた。

住人清衡は山の千僧供《せんそうくりゆう》立の為、七百町を保籠《ほろう》（押領）するなり。是れ有宗《ありむね》朝臣の任従《よ》り立ち始めるといえども、其の後の国司の時に弥《いよいよ》田数を広ぐるなり。新立庄園と為すに依り制止を加える間、日吉《ひえ》社《しや》の使濫行《らんぎよう》を成すなりと。

清衡は日吉社のための千僧供（千人の僧を招いて斎〈とき、食事〉を行うこと。無量の功徳があるという）費用調達を名目に田地押領（陸奥国南半であろう）を推進したという。それは、

		任官年月日	出典
1	源　有宗	嘉保２年（1095）１月28日	中右記
2	源　国俊	承徳２年（1098）８月28日	中右記
3	藤原実宗	康和元年（1099）９月17日	本朝世紀
4	藤原基頼	康和５年（1103）11月１日	中右記
5	藤原基頼（重任）	天仁元年（1108）12月30日	中右記
6	橘　以綱《これつな》	永久元年（1113）７月29日見	殿　暦
7	藤原基信	永久４年（1116）１月	大成抄
8	藤原良兼	大治元年（1126）２月24日	二中歴

（６は任官年月日伝わらず，陸奥守としての初見年月日を「見」と示した）

源有宗が陸奥守になった時からはじまったというのである。そこで、有宗から良兼までの陸奥守年表を作った。

上表①から、清衡の田地押領は嘉保二年以降に開始されたことになる。このことも、嘉保年間、平泉移転の一証拠となるか。先の大納言兼按察使源俊明の時期は、④・⑤の藤原基頼《もとより》が陸奥守であった時期であり、清衡が盛んに王地押領を推し進めていたことを裏付けることにもなった。

この七百町は、多分、特定地域に集中的に確保したと考えられる。それら田地の従来の所有形態は定かではないが、その住民たちが従来負担していた年貢等を今度は清衡が手中にするという仕組みに変わるのである。陸奥守はこれらを「新立庄園」として収公しようとし紛争が生じたが、結局はうやむやになった。奥州藤原氏が支配領域拡大のため王地（公領）押領という形をとる限り、国司との紛争は避けられない。それをいかにして克服するかが奥州藤原氏の課題であり、腕のみせどころであった、といえよう。

最後に、奥州藤原氏にとって七百町とはいかなる意味、あるいは多寡いずれであったかを考えたい。

国解による限りでは、押領は有宗の陸奥守時代からはじまり、その後の国司の時に至るまで押領は止まず田積は拡大した。良兼が陸奥守として赴任した時にはすでにそうした状況になっていたのであるから、七百町押領に要した期間を最も長くとれば三十年ほどとなろう。その押領地域拡大速度は年平均二十三町余ほどとなる。

ところで、『倭名類聚抄《わみょうるいじゅうしょう》』（源順《したごう》編述。十世紀前半成立）によると、奥羽両国の田積は表に示したごとくであった（陸奥国は大国〈十三ヶ国あり〉で田積一位、出羽国は上国〈三十五ヶ国あり〉田積三位であった）。同書がいう陸奥国の範囲は、現在の福島・宮城両県はもちろんすべて入るが、岩手県は南部の磐井・気仙《けせん》・胆沢・江刺など四郡が含まれていたにすぎない。

郡は郷数によって五等級に区分され、一郷（里）は五十戸で構成されることになっていた（次頁の表参照）。同書には郡名・郷名等の記載はあるが、田積は国全体の数を示すのみであった。同書から陸奥国は三十五郡百九十三郷と見なした（同書の流布本と高山寺本とでは多少の相違があるが、上記の数字にまとめた）。そこで、以下、極めて大雑把な計算を試みた。陸奥国一郷の田積平均値を出すと二六七町ほど、一郡のそれは一四七〇町ほど（五・五郷分

陸奥国田積	五万一四四〇町余
出羽国田積	二万六一〇九町余

に当たる）になると。

大郡	二〇〜一六里	一〇〇〇〜八〇〇戸
上郡	一五〜一二里	七五〇〜六〇〇戸
中郡	一一〜　八里	五五〇〜四〇〇戸
下郡	七〜　四里	三五〇〜二〇〇戸
小郡	三〜　二里	一五〇〜一〇〇戸

以上、ないよりましという思いで算出したが、清衡押領の七百町という数字も比較するものがあってこそ、一歩、歴史の現実に近付くかと考え試みた次第である。

王地押領と口では簡単にいえるけれども、実際には常に容易にはかどるわけではなく、かなり厳しさを伴い、場合によると長い時間を要したりすることが、ここで取り上げた清衡七百町押領――これは奥州藤原氏にとって決して少ない田積とはいえない――にしてもそうだといえるであろう。

基衡時代、合戦で開幕

再び、基衡の生没年について述べておく。その死亡については、文治五年（一一八九）に清原実俊が頼朝に基衡は「夭亡」したと説明した。これが根拠になり、基衡早世・若死に説（五十歳代）が有力になっていたが、遺体調査の最終報告では六十〜七十歳、ないしは七十歳前後という死亡推定年齢が提示されていた（詳細は第五章）。

基衡の生年は後三年の役終了直前の応徳三年（一〇八六）以降であったはずである。こう考える理由は、同年に清衡は異父弟家衡によって「妻子眷属《けんぞく》」を皆殺しにされたと伝わるからである（『康富記』文安元年〈一四四四〉閏六月二十三日条）。基衡は清衡のその後の妻平氏女を母としたに違いない。そこで次のように考えてみた。

後三年の役終了の寛治元年（一〇八七）以降、二年後、四年後……と二年刻みにして生年を仮定した場合の没年齢を示したのが上表である。基衡は清衡の長男であったとみられるから、表の上段の方の年齢がより該当する可能性があるといえよう。遺体調査結果の七十歳前後とほぼ一致する。

生年	没年	享年
1089	～1157	69歳
1091	～1157	67歳
1093	～1157	65歳
1095	～1157	63歳

清衡死去が大治三年（一一二八）初秋。翌年、清衡の子二人が合戦に及んだという血腥《ちなまぐさ》い情報が京都へ届くのである。

ここで、『尊卑分脈』から清衡の子供たちを図示しておく。

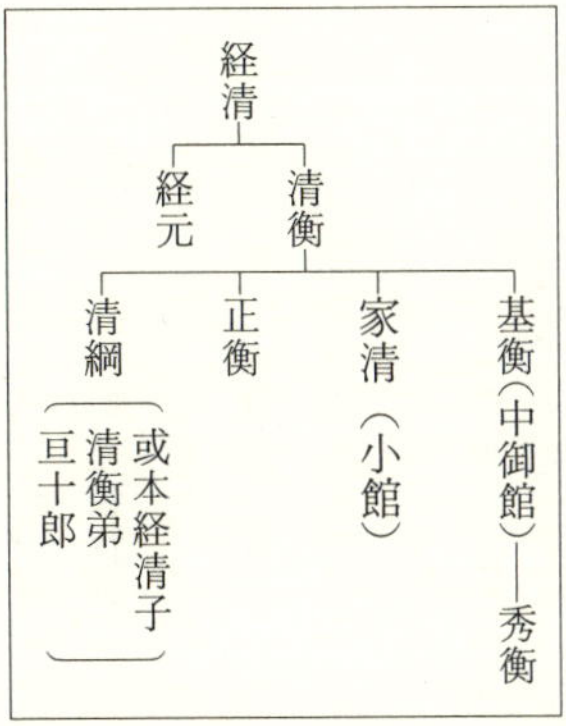

さて、合戦であるが、『長秋記』の大治四年八月二十一日条に「頭《とう》弁《べん》（蔵人所頭《くろうどどころのとう》と弁官《べんかん》を兼ねているもの。源雅兼《まさかね》）、陸奥国の清平二子合戦の間、公事闕怠《くじけたい》多しと談ず。

兄弟とは基平《もとひら》、惟常《これつね》と云々」とまずみえていた。すでに兄弟の名が混乱していることはお気付きのことと思うが、そうしたことについて貴族たちは関心を持つまい。彼らの関心は唯一点、「公事闕怠」にのみ集中していた。公事とは本来は公務・政務・朝廷の儀式等を指すが、この時代ではもっぱら税の総称、雑税を意味するようになっていた。

といったところで、同年中に合戦でどちらが勝って「公事闕怠」が解消したという記録が残ったわけでもない。

ところが、同じ日記の翌年六月八日条にまたまた兄弟合戦の後日談が載せられていた。「治部《じぶ》、来たり談じて云う」と源能俊《よしとし》(権大納言兼治部卿《じぶきょう》)が伝えた話であるというが、能俊は「是れ清衡の妻、奏し申す所なり」と情報源を明かしていた。この女性は清衡死後、上洛《じょうらく》し検非違使《けびいし》源義成《よしなり》と再婚、「其の後、所々へ追従《ついしょう》し、珍宝を捧」げたりし「時人《じじん》、謗難《ぼうなん》を致す」と、何やら評判が悪い。

清衡元妻は「奏し申」したという。崇徳《すとく》天皇へか、はたまた鳥羽上皇へか。書状をもってであったろう。清衡二子の合戦を奏したようであるが、一体、何のためなのであろうか。国守はいかに対応したか、いや、国守は不在であったらしい。とにかく二人は事を進めたのであるから、これは私闘・私戦であることは明白。

『長秋記』が伝える事件の成り行きはこうであった。長男(字を「小館《おだち》」といった)は弟

（「御曹司《おんぞうし》」と字す）に「国館《くにのたち》」に責《せ》め籠《こ》められてしまい、その責めに堪え切れなくなった兄は子供を含め二十余人を引き連れ脱出、小舟に乗って越後国へ逃げようとした。弟は陸路、軍兵をして追わせたが、兄たちが乗った小舟は逆風を受け本地《ほんち》（出発地）に戻されてしまい、その場で「父子共に首を切」られてしまった、というのである。

情報はますます混乱を増してきた。『尊卑分脈』によると清衡次男家清に小館と注記があった。なお、御曹司とは平家の公達《きんだち》に対して源氏の嫡流の子息に対する敬称であるが、とにかく生き残ったのは基衡であることは確実であるから、御曹司＝基衡でなければならない（なお基衡は『尊卑分脈』で「中御館《なかのみたち》」と注されていた）。

そこでもう一度、清衡元妻が何のためにこうした血腥い合戦の話を奏したのであろうかを考えてみる。話柄が合戦中心であれば、考えうることは唯一点、基衡憎し、に尽きるのではなかろうか。この女性は基衡と反目し次男を清衡の後継者にと画策し失敗、平泉を追われたのかもしれない。

兄	弟	
基平	惟常	『長秋記』大治四年
小館	御曹子	『長秋記』大治五年
基衡	家清（小館）	『尊卑分脈』

御曹司＝基衡は「国館」に逃げ込んだ小館を包囲し続けたという。この国とは陸奥国であるに違いなく、その館といえば国《こく》衙《が》を意味しよう。御曹司＝基衡はさすがに包囲しただけで攻勢に出たり館内に乱入した形跡もないが、しかし、その行為は謀

叛の兆し十分と判断されても致し方あるまい。だが、どうやら陸奥守は不在、遥任だったらしい。大治四年正月六日に源顕俊《あきとし》が陸奥守に任命されたが（『中右記』同日条）、同六年正月二十二日（同月二十九日天承《てんしょう》改元）に「家定《いえさだ》朝臣」と替わった。新陸奥守は八月九日に「任に赴く賞」として従四位上に叙せられた（以上、『長秋記』同日条）。こうした事情を知ると、顕俊の赴任は疑わしく思えてくるであろう。従って、陸奥国国衙の「在庁官人」はただ基衡方の館内侵入を防ぐに精一杯であったのではないか。

清衡元妻は、何とか基衡に罰をと執念を燃やしたのであろう。それが回り回って治部卿の耳にまで届いたのであろう。

結果はどうなったか。どうも「珍宝」を持っての強引な歴訪の甲斐もなく悪評判が立ったという。狙い通りにはいかなかった。

歴史上の人物としては己を語ること少なき基衡であるが、他人の口に戸は立てられないからな、とでも苦笑交じりにいうような話であった。

基衡は清衡の後継者の地位を、血みどろの兄弟合戦の末に勝ち取った、ということである。

一国押領というが陸奥守に届す

またまた、『古事談』『十訓抄』等収録の話である。両書は相変わらず年代感覚については絶望的である。

主人公は「宗形宮内卿入道《むなかたくないきょうにゅうどう》 師綱《もろつな》」（『古事談』）という人物で、彼が陸奥守になったときの話である。ところで『十訓抄』は師綱について「白川院に仕へけるが、させる才幹はなかりけれども、ひとへに奉公さきとして、私をかへりみぬ忠臣なるによて、近く召つかはれけり」で陸奥守に任じられたという。白川院といえば白河院政、それは応徳三年（一〇八六）～大治四年（一一二九）の間で、鳥羽院政が跡を継ぐ。これは奥州藤原氏初代清衡の時代と重なる。この点、『十訓抄』は信用し難い。

宗形宮内卿師綱とは藤原師綱のこと。『十訓抄』は「小一条左大将済時《なりとき》の六代」で「宗綱《むねつな》の子」とするが、『尊卑分脈』では、左表の通りであった。混乱はもういい。

とにかく、師綱が「陸奥守ニテ下向ノ時」（『古事談』）に事が起ったのであるから、その時期をまず特定しなければならない。

いささか前述したが、康治二年（一一四三）四月一日に次のような除目があった。

大膳大夫《だいぜんのだいぶ》藤原師綱　元陸奥守、相博

陸奥守藤原基盛　伊予守息云々、大膳大夫相博、私譲任之

済時―通任―師成―師季―尹時―師綱

である（『本朝世紀』）。要するに、陸奥守藤原師綱と大膳大夫藤原基盛（基成のこと）とが個人的事情（基盛の注記

に「私に譲りて之〈陸奥守〉に任ず」とあった。師綱の希望に応じたの意か）で、各自の官職の「相博《そうはく》」、交換を希望しその願いが叶った除目になったのである。そうであれば、師綱は陸奥守の任期途中であったことになるはずである（康治二年三月末日任期満了なら相博などできない）。

では、師綱の陸奥守任官はいつか。その史料は見当たらない。前任者の記録はというと、これも心細い。

長承《ちようしよう》三年（一一三四）正月五日　源信雅《のぶまさ》（現任）（『中右記』）
保延《ほうえん》元年（一一三五）五月十五日　源信雅（死去）（『中右記』）
保延三年（一一三七）二月五日　藤原兼忠《かねただ》（権守任）（『中右記』）
康治二年（一一四三）四月一日　藤原師綱（遷任）
康治二年（一一四三）四月一日　藤原基盛（遷任）

というほどしか残っていない。従って、以下の話の時期は特定できないが、康治二年三月以前の二〜三年の頃（保延六年〈一一四〇〉〜永治《えいじ》元年〈一一四一〉）のことと見なす以外に手はないだろう。やはり、基衡時代のこととして誤りないであろう

基衡と陸奥守との緊迫した状況突入か、という時に、いささか、のんびりした挿話をさしはさむこと

になるが、「陸奥の国に平泉に向《むか》ひて、たはしね（束稲）と申す山の侍《はべる》に、異《こと》木は少《すくな》き様に桜の限り見えて、花の咲きたりけるを見て詠める　ききもせずたはしね山の桜花吉野の外《ほか》にかかるべしとは」とは西行《さいぎょう》の『山家集《さんかしゅう》』にみえるところである。これを西行初度の奥州下向時のこととすると康治二年を下らない頃と見なされている由で、この記事は、奥州「平泉」地名の文献初見と目されているので、あえてここに紹介した。

さて、本来の話に戻る。どうやら忠義一徹、思い込み激しく融通皆無というべき陸奥守師綱が下向してきた。彼は承安《じょうあん》二年（一一七二）死去と伝わるから、この頃、三十歳前後であったか。片や、剛腹ともいうべき基衡が平泉にいた。

師綱が赴任してみると、陸奥国の現状は「基衡、一国ヲ押領シ国司ノ威無キガ如シ」（『古事談』）と映ったので、事の子細を奏上し宣旨を得て検注《けんちゅう》（田地を検査し、町段の多少、所当〈田租〉額、等々を注する）を実施しようとした。

基衡は信夫《しのぶ》郡（福島市）の大庄司《おおしょうじ》佐藤季春《すえはる》（「郡地頭」「信夫郡司」とも）に命じ検注を妨害させた。そのため、国守方と季春方との間で合戦がはじまり、国守方はさんざんな痛手を負った。だからといって尻尾を巻いて京都へ戻るような師綱ではない。

激怒した。陣容を立て直し再度戦う姿勢を示し、基衡に厳重に申し入れた。基衡よ、汝は宣旨に背き、それを奉じた陸奥守に刃向かった。その行為はまさに謀叛に当たる、とでもいったに違いない。結局、基衡は恐れ戦《おのの》き、泣く泣く季春一族五人の首をはね、一件落着となった。

それまでに基衡は何としても季春を助けたいと、妻を助命嘆願のため国司館に遣わし、その際、「よき馬どもを先として、おほくの金、鷲の羽、絹、布やうの財物」(『十訓抄』)を持参したという。「国司に贈所の物一万両の金をさきとしておほくの財也。殆《ほとんど》当国の一任の土《ど》貢《こう》(年貢)にもすぐれたり」(同上、「大国たる陸奥国守の任期中〈五年〉の収入より多い」の意)というほどの財物であったという。

これはもちろん、助命のための袖の下であったが、師綱は頑として受け取らなかったというのである。「師綱の高名《こうみょう》、此の事に在るか」(『古事談』)と、これは要するに、師綱顕彰の話であったというべきであるが、さりとて全くの作り話というわけでもあるまい。基衡にしても陸奥国南半(宮城・福島両県)への進出・支配領域拡大に際しては、国守を無視して闇《やみ》雲《くも》に突っ走ることはできないと実感したかもしれない。

清衡や基衡が王地を押領したとか一国を押領したなどと、しばしば語られるが、国司の威の及ばない地域ならその通りであったろうが、威の及ぶ場合では事はそう単純ではないという点に留意したい。表現通り、陸奥国一国が丸ごと完全に早い時期から奥州藤原氏の思いのままになる私領になったなどとの速断は禁物であるのではなかろうか。

秀衡、陸奥国を素より大略虜略

天治三年の「供養願文」で、清衡が「謬って俘囚の上頭に居り、出羽・陸奥の土俗は風に従う草の如く、粛慎・挹婁の海蛮は陽に向かう葵に《に》類たり。垂拱寧息三十余年」といっていたことはすでに述べた。

また「供養願文」には「徼外《きょうがい》の蛮陬《ばんすう》」（国境外の野蛮人の住むところ）「蛮陬の夷落《いらく》」（辺鄙な土地の野蛮人村落）などという表現もあった。これらは、どこを指しているのであろうか。

前者については、「鎮護国家の大伽藍」の堂塔などを具体的に列記した後で「徼外の蛮陬たりといえども、界内の仏土というべし」と結ぶ。後者については、清衡は聖代に生を享け征戦もなく「蛮陬の夷落は、之が為に事少なく、虜陣《りょじん》・戎庭《じゅうてい》（蛮陬の夷落と同義）は之が為に虞《おそ》れず」と使っていた。どうも具体的なことは判らない。あるいは、特定の地域を指すわけではなく、漠然と本州北端方面へ及んだ支配領域を誇示する言葉のあやという気がしないでもない。

清衡一代では、平泉以北は完全に押さえ、一方で勢力をじわじわと南下させたことは前述した通りである。二代目基衡の支配は信夫郡辺りにまで及んでいたようであるが、陸奥守の意向次第でその支配に脆弱《ぜいじゃく》さありと露呈してしまった。

三代目秀衡の時代に移る。彼が登場した頃、保元・平治の両乱、やがて源平合戦期に至る。日本は激動・激震の時代に突入する。

源平合戦は治承四年（一一八〇）にはじまる。平清盛《きよもり》はしきりに秀衡に、いわば背後からの源頼朝追討を要請する。そのためであろう、秀衡が多数の軍勢を率いて白河関を越え南下したという情報が京都に飛び交う。結局は虚報であったが、その種の偽情報は寿永《じゅえい》二年（一一八三）末まで、京都を何回か駆け巡ったのである。

その間に、秀衡は陸奥守に任ぜられた。これはもとより平家の差《さ》し金《がね》、「位打《くらいう》ち」であった。

その辺の事情は『玉葉』から知ることができる（養和元年〈一一八一〉八月六日条）。右大臣兼実のところに、頭弁藤原経房《つねふさ》が後白河院の意向を伝えに来たという。「関東の賊徒」（頼朝を指すのであろう）の勢力は強大で「京都の官兵」での対抗は難しい。「仍《よ》りて陸奥の住人秀平を以て、彼の国史判《しはん》（国司の意）に任ぜらるべきの由を、前大将（平宗盛）申し行う所なり。件の国、素より（秀衡に）大略虜略さる。然れば拝任の事、何事か有らんや。いかん」というのである。

露骨にいえば、この際、秀衡を大抜擢して陸奥守に任じてやれば、「関東賊徒」追討に挙兵するであろうという期待を込めた提案であった。

陸奥現地人を国守にということは、貴族にとっては全く許容し難い人事であったが、実は秀衡は十年ほど以前に鎮守府将軍に任ぜられたことがあった（嘉応二年〈一一七〇〉）。だから、今更、秀衡を陸奥守へ、という一件について四の五のいう筋合いはないはずなのに、なお、体面を重んずるような恰好をつけることを忘れないらしく、陸奥国はいうまでもなく秀衡によっておおよそは掠《かす》め取られたも同然なのだから、今、秀衡を陸奥守に任じたとてどうということはあるまいといった理屈をいって、兼実にどうですかと尋ねるのであった。

兼実は、前大将の計らいに「異議を及ぼすべからず。然れば、秀平を奥州に任ずる。何事か有らんや」と、その場ではいったのであるが、十日後の日記には、この除目を「天下の恥、何事か之に如《し》かんや。悲しむべし、悲しむべし」と臆面もなく書いている。

しかし結果は、平家の思惑は外れ、秀衡はついに立たなかった。

それより以上から指摘したいことが二点ある。第一点は陸奥国は事実上、秀衡の支配下にあることを貴族たちが認めたこと、第二点は虚報であったにせよ、秀衡が軍勢を率いて平泉を出発したのではなく白河関を越えて南下したと幾度か噂が流布したことである。この第二点は、第一点の認識を前提として生じた風評であったと考えてよかろう。

外ヶ浜から白河関に至る、この広大な地域の支配、押領は秀衡の時代に成就され、京都の権力者たちも否定できない現実になっていたのである。

四代目泰衡は、度々の宣旨で奥羽両国押領について非難囂々《ごうごう》の的となったことは前述してあるから繰り返さない。泰衡は、ただ、父の事績を引き継いだだけだというのに、めぐり合わせが悪かったとしかいえない。

4　摂関家との関わり――結ぶ・頼る・争う

奥州藤原氏三代の名前表記について

記録の上からいえば、奥州藤原氏が京都の藤原摂関家と関わりを持つようになるのは寛治五年（一〇九一）の末近くからであり、清衡、三十六歳の時である。

共に藤原鎌足の末裔であることに変わりはないが、一方ははるかなる奥州の住人である藤原氏、片や京都の摂関家藤原氏である。両者の政治的立場・地位を比べれば、雲泥の差が生じていたことはことさらいうまでもないであろう。

そこで気になるのである。両者の意思の疎通は書状などをもって行われたと察するが、その際の宛名の件なのである。

奥州藤原氏が摂関家藤原氏の特定人物に書状を呈上する際、関白藤原朝臣何某殿などと名前を書くのは憚《はばか》りありとし関白殿下と認《したた》めたであろうが、その種史料は一切残ってはいない。逆の場合はどうかというと、これまた返書の類の存在は全く知られてはいない。

実は知りたい点は、今右に述べた逆の場合なのである。もし、返書が下されたとするならば、その宛名の書き方で京都の貴族たちが奥州藤原氏をどの程度の存在として扱っていたかが判るのではないかと思ったからである。しかし、その種史料も皆無であるから別の方法を講じなければならない。

そこで、貴族の日記などに奥州藤原氏三代の名前が時に記されることがあるので、それを拾ってみることにした。実は、この方が各人の本音を聞けるはずである（なお『日記』以外にも『吾妻鏡』や説話集からも拾った）。

あらかじめ確認しておくが、鎌足の末裔である藤原氏なら「藤原朝臣何某」、つまり「氏＋姓＋名」が正式の表記である。

また、思い出してほしいことがある。永承二年（一〇四七）、興福寺修造のため関白藤原頼通から寄進を求められた三百六十六名の「藤氏諸大夫」が全国にいた。そのうちの一人に奥州藤原氏の祖となる経清がいたということを。同時にもう二点。経清は安倍頼時の娘を妻としその間に清衡が生まれたことと、その安倍氏は貴族の日記や太政官符《だいじょうかんぷ》（太政官が下位官庁に下す命令）などには俘囚（蝦夷）と記されている点も。

さて、日記等に当たってみよう。

「清衡・清平」「基衡・基平」「秀衡・秀平」というように名のみを記す場合が多い。「衡」字が「平」字になるというか、済ますのは、面倒なためなのか、耳で聞いて確かめることもなく勝手に「平」字にしたのか。ならば上の字も別字を使う可能性もあったがそれはない。ともかく、すでにこの辺に貴族の横着というか、あるいは奥州藤原氏への関心の低さがうかがわれるといえるかもしれない。以上の表記については出典を一々注さなかったが、その他、以下に掲げる例（おおむね登場年代順）については念のため出典を記しておいた。

陸奥住人清衡（『後二条師通記』） 陸奥男清衡（『殿暦《でんりゃく》』） 陸奥国清平（『中右記』） 鎮守府将軍清衡（『古事談』）

おくのえびすもとひら（『今鏡』）

鎮守府将軍藤原秀衡（『兵範記』） 奥州夷狄秀平（『玉葉』） 奥州戎狄秀平（同上） 陸奥住人秀平（同上） 陸奥守藤原秀平（同上） 守従五位下藤原朝臣秀衡（『吉記』） 奥州秀平（『玉葉』） 陸奥守秀衡入道（『吾妻鏡』） 鎮守府将軍兼陸奥守従五位上藤原朝臣秀衡（同上） 秀衡法師（同上）

『古事談』の鎮守府将軍清衡には面食らうが、清衡伝説の流布の一片を物語るとみる。しかし、日記などに清衡は官位付きで記載されることはついになかった。秀衡は鎮守府将軍・陸奥守と歴任したこと、また、時代のせいで記録は多い。だが、夷狄・戎狄と執拗に蔑称を繰り返して止まない貴族もいた。

「おくのえびす」といわれた基衡は、仁平《にんぴょう》三年（一一五三）、左大臣藤原頼長《よりなが》の奥羽にある五ヶ所の荘園年貢増徴をめぐって数年来交渉を重ねてきたが、その過程で基衡は「匈奴《きょうど》（中国北方の遊牧民族）は無道なり」と「匈奴」と同一視されたこともあった（『台記《たいき》』同年九月十四日条）。

興福寺修造のため経清が寄進を求められてから奥州藤原氏滅亡まで百四十年。その間、彼の子孫は、おくのえびす、匈奴のごとしとか、夷狄・戎狄などと呼ばれる始末であった。奥州住人だからで、かつ、俘囚と呼ばれる安倍氏の血を引いていることもあり、かく蔑視されたのであろうとしか考えられない。

蛇足であるが、地元の史料（各種の『中尊寺経蔵文書』、『（書写）華厳経奥書』等々）では、さすがというべきか、「藤原朝臣清衡」「藤原清衡」といった記載法を歴代採っていた。

清衡、関白へ貢馬

寛治五年（一〇九一）十一月十五日のこと。

晴れ、亥剋許り《いのこくばかり》（午後十時頃）、盛長《もりなが》朝臣来たりて云う。関白殿（藤原師実《もろざね》）の御使なり。清衡陸奥住人なり、馬二疋進上の由と仰せらる所なり。承《うけたまわ》り畢《おわ》んぬ。文筥《ふばこ》を開き見るの処、二通の解文《げぶみ》、中文《もうしぶみ》等筥に入ると云々。

と師実の息内大臣師通《もろみち》はその日記に書き、かつ、「清衡、始めて殿下に貢馬す」と朱注しておいた。

まず、この事実が実現するに至る過程について順序を追って考えてみたい。

第一点。清衡は使者を京都に送り、いきなり、関白邸を訪ねさせ馬などを献上するというようなことはしなかった、あるいはできなかったであろう。必ずや何らかの伝手《つて》を求め、それに頼って馬および書状入り文筥を関白の手元までに届けることができたと考えたい。

その伝手として考えられる場合の㈠は、陸奥守に口添え、執り成しを頼むことである。この頃の陸奥守は藤原基家であった。前述したが基家と清衡との関係は何やら微妙なものがあったらしく思われるので、どうであろうか。㈡としては、すでに奥羽に摂関家の荘園が存在していたので（『後二条師通記』寛治五年十一月二十一日条に出羽国所在の荘園とみられる「出羽庄」がみえ、また、同六年十二月二十七日条にも「出羽小但嶋庄」とあった。小田島庄《おだじましよう》、山形県東根市。この荘園の「公検」、公験《くげん》等文書の提出をめぐり国司と師実側とで問題が生じていた）、そうした荘園の荘官などにかなりの財宝を使い、然るべき方法を講じてもらうという手もあったはずである。以上のどちらであったか、実は決めかねる。

第二点。時代は荘園整理に向かっているのに、清衡はなぜ、その最大領主である京都の藤原氏に誼《よしみ》を通ずる行為にでたのかが問われなければならないであろう。

周知の通り、後三条天皇は延久《えんきゅう》元年（一〇六九）閏十月に記録荘園券契所《きろくしょうえんけいじょ》を設立、寛徳《かんとく》二年（一〇四五）以後の新立荘園の停止、それ以前の荘園にあっても券契（証拠書類）不明にして国務に妨げある場合は禁制・停止という整理令を発した。この結果、現実的には京都藤原氏の荘園もかなり打撃をうけ、逆に皇室領が増大し院政政権の経済的基礎となったといわれている。

清衡に時代がいかに推移していくかの見通しが立っていたのであろうか。立っていたとして、己が奥羽（特に南半）支配領域拡大を志す限り受領国司とその背後の院政との対立は避け難いと判断し、それらとの対抗のためにも摂関藤原氏と結ぶことに賭けたのではないだろうか。

第三点。馬を贈るという意味である。これは、よくいわれているように、臣従したいという意志の表明、と判断してよかろう。それは、前記第二点の結論に従えば第三点の答えはおのずから明らかである。

ところで、たった「馬二疋」とは少ないのではないか、という疑問がでるかもしれない。そこで過去の奥羽からの貢馬数を調べると（「清衡始貢馬」以前）、実は貢馬には二種類あ

延喜16(916)　3. 5	50疋	陸奥交易	長和4(1015)11. 3	10疋	将軍
天暦元(947)　3. 3		将軍	長和4(1015)11. 4	2	城介
天暦7(953) 11. 2	19	陸奥交易	長和5(1016)10.22	10	陸奥守
応和4(964)　5. 2		陸奥交易？	寛仁元(1017) 9.18	2	前陸奥守
貞元元(976) 12.21	33	陸奥守	寛仁元(1017)11.15	10	出羽守
永観3(985)　4.24	1	陸奥守	寛仁元(1017)12. 3	4	陸奥守
永延2(988)　9.15	10	陸奥交易	寛仁元(1017)12. 5	20	陸奥交易
長保元(999)　5. 9	20	陸奥交易	治安2(1022)10.20	20	陸奥交易
長保元(999)　7.21	2	出羽守	万寿2(1025)10.28	2	陸奥守・私的
長保元(999) 12.26	10	陸奥守	万寿3(1026)11.26	20	陸奥交易
長保2(1000) 9.13	6	出羽守	万寿4(1027)12.11	2	将軍
長保2(1000) 9.13	2	出羽守・私的	長元7(1034)11.11	10	陸奥守
寛弘元(1004) 9.24	4	陸奥守	長暦3(1039)12.26	30	陸奥交易
寛弘元(1004) 閏9.11	10	出羽守	長暦3(1039)閏12.25		陸奥交易
寛弘元(1004)10.21	3	前将軍	永承4(1049)12. 8	30	陸奥交易
寛弘元(1004)12.15	20	陸奥交易	康平7(1064) 4.13		陸奥交易
寛弘5(1008) 1. 4	5	前将軍	治暦2(1066)12.16		陸奥交易
寛弘5(1008)12. 4	20	陸奥交易	延久元(1069)12.19		陸奥交易
寛弘7(1010)11.28	20	陸奥守	承保2(1075) 2. 6		陸奥交易
寛弘9(1012) 8. 3	2	陸奥守	承保3(1076) 2. 6	30	陸奥交易
長和元(1012)閏10.12	2	陸奥守	承保4(1077) 9.30	1	前陸奥守
長和元(1012)閏10.12	2	将軍	応徳2(1085)12. 4	30	陸奥交易
長和元(1012)閏10.12	6	出羽守	寛治5(1091)11.15	2	藤原清衡
長和2(1013)12.28	5	陸奥守			

『奥州藤原史料』によった．頭数欄の空白は，その史料に数の明示がないことを示す．備考欄はその史料の記事の通りに記した．

ったことが判る。(一)は公的な「陸奥《むつ》交易《きようやく》御馬《おんうま》」である。これは従来の地方公民負担による京都への調《ちよう》庸《よう》物搬送・納入に代えて、奥羽二国司の責任（費用負担）でさまざまな物品を購入し京送する「交易雑物」制の一端としての馬献上であった。この場合の馬数はほぼ十・二十・三十疋と十疋刻みであった（二十四疋という例もあった。後述）。(二)は陸奥守何某（他は表参照）貢馬という例である。これはいささか厄介な貢馬である。つまり、公的貢馬なのか私的貢馬なのか、その区別がつけにくいのである。貴族の日記にそのことが書かれてあるのだから、その執筆者への私的贈与と見なしても問題はないのかというと、そうとばかりいえない気もするので、その都度考えてみる以外に手はなさそうである（たとえば「馬を志す」とあると私的にみられるが、「馬を献ず」「何某貢馬す」「進上す」など一切合切同列に置くも可なのか、である）。それはともかく、馬数は十・二十疋という多数例もあるが大部分は一桁（一〜六疋）であった。

清衡の場合はもちろん(二)の私的の場合である。清衡の財力からいえば二疋とは少なすぎるといえそうであるが、陸奥守などでも二疋例があるから一概に少ないといい切れないかもしれない。

それにしても、(一)は十・二十とわりに切りのいい数なのに、(二)はどうして端数が多いのであろうか。

実は以下のような史料が残っている。永観《えいかん》三年（九八五、四月二十七日寛和《かんな》改元）に、陸奥守藤原為長《ためなが》が「御馬一疋」を貢じたが、「解文」には四疋と書いてあったという。実は上野《こうずけ》国（群馬県）で強盗に襲われ二疋は射殺され一疋は盗まれ、結局、残った一疋が京都へたどり着いたというわけである（『小右記』同年四月二十四日条）。この貢馬搬送の一行は陸奥国府・多賀《たが》城から白河関を越え東山道《とうさんどう》を通って上洛したのであろうが、途中で賊に襲われたのである。なお、この際の貢馬は誰宛のものであったか。「陸奥国司の貢馬、叡覧の後、左馬《さま》寮《りょう》に給う」とあるので花山《かざん》天皇か円融《えんゆう》上皇宛であったか。天皇・上皇への貢馬は公的で貴族へのそれは私的といっていいかどうか、も問題であろう。

貢馬のための陸奥国から京都までの道中での盗難や死亡などについては、頻発とまでいかなくとも結構発生していたのではないだろうか。

㈠の場合で先に「二十四疋」例を示しておいたことを話そう。長保《ちょうほう》元年（九九九）五月九日「陸奥交易御馬二十四疋の解文」を奏した（『日本紀略《にほんきりゃく》』同日条）。ところが同日、『御堂関《みどうかん》白記《ぱくき》』には「御馬二十疋」、『本朝世紀』に「陸奥臨時交易御馬二十疋」とある。陸奥国解文（国守からの貢馬のいわば送り状ともなる）には二十四疋とあったが、途中、何らかの事故で四疋が失われ京都到着は二十疋であった、ということである。

陸奥国からの交易貢馬については、京都の方から「陸奥国御馬交易使」を派遣する習いとなっていた。どういう人物がその使を勤めたか、若干例が知られる。

日下部清武《くさかべのきよたけ》（官職記載なし。『御堂関白記』寛仁《かんにん》元年〈一〇一七〉十二月三日条）

左馬允《さまのじょう》　藤原行則《ゆきのり》（『左経記《さけいき》』治安《じあん》二年〈一〇二二〉十月二十日条）

右近《うこん》（衛府）番長下公武《ばんちょうしものきみたけ》（『樗嚢抄《ちょのうしょう》』永承四年〈一〇四九〉十二月八日条）

右近将曹《しょうそう》下毛野近末《しもつけぬのちかすえ》（『中右記』永長二年〈一〇九七、十一月二十一日承徳改元〉閏正月二十八日条。その注に近末は「去年、彼の国に向い、上洛せしむる時」に父が死去したので喪に服し「代官を以て進上」したとみえている）

などである。以上から道中の警護は万全を期したことと察せられるが、それでも時にはさまざまな事故が発生したのであろう。

なお、奥羽から年料絹が京送されるが、長元《ちょうげん》七年（一〇三四）に陸奥からの京進を担当した綱丁《こうちょう》（運搬人夫長）に従七位上白河団擬《ぎ》矢八〔ママ〕占部安信《うらべのやすのぶ》なる現地軍団準幹部が起用されていた（『左経記』同年十二月十五日条）。

文筥の中の解文と申文

清衡が提出した解文と申文との内容について考える。

清衡貢馬について、今に残る記録を表示（次頁）しておいた。二十年間で四回、馬数は六疋にまで増えている。また、贈呈先の藤原氏の系譜も参考までに掲げておいた。

とにかく、最初の貢馬に際しては、二通の書状、解文と申文とが届けられていた点に特徴がある。最初だからこそ貢馬する理由、その他を書状に認《したた》めたのである。二回目以降では、解文（これは、前述した永観三年の例などから、いわば送り状というべき文書であることが判明している）は必ず添えられたが、その他書状については判らない。

解文と申文とであるが、共に一般的には下位の者から上位者へ差しだす文書をいい、申文は任官申請の場合に、解文は国衙・荘園関係、個人の請願・訴訟・請求などにも使用されたという。

寛治五・十一・十五（一〇九一）	関白藤原師実	二疋進上	解文申文あり	『後二条師通記』
長治元・七・十六（一一〇四）	右大臣藤原忠実	二疋志		『殿暦』
天永二・十・二十八（一一一一）	摂政右大臣藤原忠実	三疋献	一疋は忠通料	『殿暦』
天永三・十・十六	摂政太政大臣藤原忠実	六疋献		『殿暦』

藤原師実—師通—忠実—忠通
　　　　　　　　　　　└頼長

貢馬などに伴う解文の例をもう一例だけ引いておく。長保二年（一〇〇〇）九月十三日のこと、出羽守藤原義理《よしまさ》が送るところの「書状幷びに貢馬の解文等」を義理の息子が持参したという（『権記《ごんき》』の筆者である藤原行成《ゆきなり》の下へ）。続けて「左大殿《さのおおとの》（大殿とは前摂政・前関白をいうが、この時、該当者はいない。そこでこれは下文の「左府」、つまり左大臣藤原道長を指しているとみる）への貢馬六疋の解文別に在り。又、私に送る所の馬二疋の解文、幷びに交易絹の解文等持参す。左府の覧を経て、其の私の貢馬一疋、小鶴（馬の名）……右大将《うだいしょう》殿（道長兄の大納言道綱）に遣わし奉る。一疋は左衛門尉信行《さえもんのじょうのぶゆき》に預け飼わしむ」とあった。文中、私が二ヶ所みえたが、これは行成自身のことである（この時、従四位上で右大弁、大和権守、長保三年参議になる）。清衡貢馬までの記録を調査すると、一々は引用しないが、「御馬解文」「絹解文」という記事が目につく。

以上から、公的・私的とを問わず貢馬（をはじめ交易物納入）の場合、解文を添えることが必要条件になっていたといえる。

その書式を「公式令《くしきりょう》」解式《げしき》条を参考にして予想してみた（上に示した。一応、公的な場合を考え、括弧内は私的の場合）。平安時代の儀式書『江家次第《ごうけしだい》』（大江匡房《おおえのまさふさ》編）に「陸奥交易御馬を御覧の事」という一項がある（巻十九）。大変な長文であるので必要な点のみ抜き出すと、「使入京後、国の解文を官（太政官）に付す。云々」とある。解文は太政官宛であったらしい。私的な場合は、何某殿下という宛名であったはずである。

> 陸奥国交易御馬（あるいは「御馬献上」）の事を謹んで解す
> 　合わせて御馬　疋
> 　　以下、各馬毎、産地・性別・年齢・毛並み・馬名
> 　　等々を注す。
> 右、交易使何某（あるいは使・送使）に付して申送す。
> 　謹んで解す。
> 　　年　月　日
> 　　　署名
> 　　　陸奥守何某（単に氏姓名）

清衡の解文の内容は一応判明した。では、もう一通の申文では何をいっているのか。

単に馬を贈ったから今後ともよろしくなどといった形式的・消極的内容であったと

は考えられない。より積極的に摂関家の懐に飛び込むべく何事かを画策していたに違いない。

中文が任官申請のためのものなら押領使任命申請かという考え方がでるかもしれぬが、その程度のことなら陸奥守を動かせば済むはずで関白家を煩わすまでもあるまい。といって、いきなり、鎮守府将軍に、陸奥守を、というわけにもいくまい。

猟官運動でなく、清衡が積極的になれることといえば荘園のことではないだろうか。そうであれば荘園寄進の申入れ、かつ、摂関家のすでに奥羽にある荘園の荘官を引き受けてもよい、ということも追加されていたのかもしれない。今、清衡と摂関家藤原氏とは馬を媒介として結びついたが、奥羽の財宝は馬だけではない。清衡とすれば望みが叶えられれば、砂金をはじめ絹・鷲羽・綿・布等も贈ることができるようになると申文で仄《ほの》めかしたかもしれない。推測はこの辺で止める。

何であれ、こうした解文も申文も、書式に則《のっと》って書かれていたとすると、それは果たして清衡一人で書けたのか、側近に有職家《ゆうそくか》がいたのか、それとも斡旋を依頼した伝手を煩わせたのであろうか。以下は後のことになるが、太政官外記《げき》（文筆に長じたものが任ぜられる）であったらしい良俊《よしとし》なる者が陸奥国清衡のところに公用で赴き（その時期不明）、そのまま平泉にとどまり、「清平に従った」ので問題になったことがあった（『中右記』天永《てんえい》二年〈一一一一〉正月二十一日条）。また、天承元年（一一三一）以前に京都の人「散位道俊《みちとし》」なるものが陸奥国に赴き「獄長《ごくちょう》清衡に属し、弓箭《きゅうせん》の任に堪えざるも、筆墨《ひっぼく》を以て役に侯《さぶら》うの間、恩は厚く家は饒《ゆたか》なり」であったという（『三外往生伝《さんげおうじょうでん》』）。

清衡の初の貢馬は、なお、豊田館時代のことであったがすでにこういう人物が彼の周囲に存在していたであろうか。

とにかく、摂関家とすれば、清衡の要請についてはは歓迎こそすれ拒否する理由はなかったはずである。

その後の清衡

保安《ほうあん》元年（一一二〇）夏も終る頃、清衡晩年の話である（六十五歳）。小泉庄《こいずみのしょう》とその定使と清衡と、三題噺めいた話である（『中右記』同年六月十七日条等）。小泉庄とは摂関家領で越後国岩船《いわふね》郡（新潟県）所在。この話には小泉庄定使兼元丸《かねもとまる》（あるいは兼元）なる人物が介在していた。定使とは京都と現地とを往復する庄務連絡係であったらしい。

その兼元丸は去年冬（元永《げんえい》二年〈一一一九〉十〜十二月）、人知れずひそかに小泉庄に下向し「種々の物を推し取る（無理にとる）の由、伝え承《うけたまわ》る所なり」と、職権濫用の限りを尽した。とどのつまり、関白忠実の御厩舎人《おうまやとねり》兼友《かねとも》なるものが清衡の使者と共に検非違使《けびいし》庁《ちょう》に勾留されている兼元丸を尋問したところ「清衡の金・馬・檀紙《だんし》（上等な和紙、みちのくがみ）等を取る者なり」と判明したという。この記事を清衡が金などを横領したと解釈するのは誤りである。これは清衡が小泉庄から徴収し京送すべき年貢の金などを兼元丸が失敬したというのが真相で、兼元丸の「所為の宗、已に大盗なり」と『中右記』筆者藤原宗忠は書き、兼元丸は「暫《しばら》く放免すべからず」という処置を受けた。

一斑を見て全豹《ぜんぴょう》を卜するつもりはないが、奥羽の摂関家荘園のあちこちに清衡があるいはその使者たちがまめまめしく姿を現わしていた様子が見えるような話ではないだろうか。そしてこうしたことが、前述した大納言兼按察使源俊明がいった「清衡は王地を多く押領」したという事態につながっていくのである。

基衡、摂関家と争う

基衡は摂関家の奥羽にある五ヶ所の荘園(以下「五ヶ庄」とする)年貢増徴をめぐって左大臣藤原頼長《よりなが》と争った。その五ヶ庄とは陸奥国の高鞍《たかくら》庄(宮城県栗原郡)・本良《もとよし》庄(同本吉郡)、出羽国の大曾禰《おおそね》庄(山形県山形市)・屋代《やしろ》庄(同東置賜《ひがしおきたま》郡)・遊佐《ゆざ》庄(同飽海《あくみ》郡)である。この五ヶ庄の年貢増徴は、もちろんのこと、摂関家側から荘園の管理者、というより実質的には在地領主といってもよい基衡側に提示されたのである。

事の経緯は、頼長の日記『台記』仁平三年(一一五三)九月十四日条に詳しく述べられて

		本　数	忠実案	頼長久安5年案	基衡仁平2年案	頼長仁平3年案妥結額
高鞍庄	金	10	50	50	10	25
	布	200	1,000	1,000	300	500
	細布	10			10	
	馬	2	3	3	3	3
本良庄	金	10 別に預所分 5		50	20	基衡案通り
	馬	2 別に預所分 1		4	3	基衡案通り
	布			200	50	基衡案通り
大曾禰庄	布	200		700	200	300
	馬	2		2	2	2
	水豹皮				5	
屋代庄	布	100		200	150	基衡案通り
	漆	1		2	1.5	基衡案通り
	馬	2		3	3	基衡案通り
遊佐庄	金	5		10	10	基衡案通り
	鷲羽	3		10	5	基衡案通り
	馬	1		2	1	基衡案通り

（単位は，金→両，布→段，馬→疋，皮→枚，漆→斗，鷲羽→尻）

いる。それによると、そもそも五ヶ庄は久安《きゅうあん》四年（一一四八）に、頼長が父忠実（すでに保安二年〈一一二一〉には関白を退き、保延六年〈一一四〇〉、六十三歳で出家したので『台記』では禅閤と記されていた）から譲られたという。この頃、忠実・頼長両名は忠通（忠実子、頼長兄）との仲が悪化していたことは周知の事実で、そこで頼長に譲渡されたに違いない。

それはともかく、『台記』によると以下のようにしてはじまったことが判る。しかし、記事はいささか脈絡なく記述されているごとくなので、年代順に整理してその経過のみを指摘しておく。

そもそもは、「先年、奥州高鞍庄の年貢を増す可きの由、禅閤、基衡に仰せらる。(以下、増徴すべき品目、数量の注記があるが略す。前頁の表の「忠実案」で示す)……基衡、之を増すことを肯《がえ》んぜず」ではじまった。

なぜ、高鞍庄だけなのか。『台記』によると同庄は「田多く地広し」とある。それが理由なら大曾禰庄も同条件になっていた。だが、大曾禰庄の年貢には金がなく高鞍庄にはあったし、忠実の増徴額が本数(もともとの年貢数量)十両に対し五十両と一挙に五倍に跳ね上がっているところからして忠実方の狙いが奈辺にあったかが判るであろう。

ただ、時期ははっきりしない。「先年」とあるのみで、頼長に五ヶ庄を譲渡した久安四年以前としかいえない。もし禅閤という用語にこだわるとすれば忠実が出家した保延六年十月二日以降のこととなる(『公卿補任』同年条)。

頼長の年貢増徴要求は久安五年(一一四九)にはじまるが不調に終り、以後、仁平元年・二年・三年(一一五三)と続きやっと一応の決着をみる。久安五年から足かけ五年もかかったのである。その経過すべてをここで述べると長大になるので、項を改めたい。

交渉の過程は

久安五年、頼長は三十歳、片や基衡は六十歳前後辺か。もちろん、両者はついに顔を合わせることはなかった。ただし、頼長の使者が幾度か平泉を訪れているから、基衡は使者の口から頼長の為人《ひととなり》を耳にしたであろうし、また、頼長も使者から情報を得て基衡の人物像をあれこれ想像したかもしれない。そして、互いに側近を集めて次なる対策を練ったに違いない。

さて、両者の交渉過程を事細かに説明することは史料も十分ではなく、できない。その核心は、これこれの品物をこれだけ増やせということであり、相手がそれをのまなければ、また次回にという次第になるわけである。

そこで、交渉の次第は先に表にして示しておいた。以下では細かい数字などは表に任せ、交渉当事者や頼長・基衡などの考え方、相手への反応などを取り上げることにした。

久安五年、頼長は雑色《ぞうしき》（摂関家に仕える下級使用人）源国元《くにもと》なる者を陸奥に下向させ頼長久安五年案（表参照）を基衡に申し入れたが、「基衡、聴《き》かず」、拒否である。増徴する理由、拒否するわけ、共に記載なし。「国元、其の性柔弱にして、之を責むること能わず。空しく以て上洛す」と、増徴不調の理由を国元の人柄にせいにするが、彼を責めるより人選の失敗を反省すべきではなかったか。

そこで、仁平元年（一一五一）に「厩舎人長勝《ながかつ》、延貞《のぶさだ》を使と為して奥州へ下向」させた。目的は年貢増徴を承認させることであったが、事は簡単ではない。さらに同三年、「重ねて延貞を遣わして之を責」めさせた。

その間、動きがあった。「去年（仁平二年）基衡申して曰《いわ》く、仰せらる所の数を増すことを得ず」として、基衡仁平二年案（表参照）を回答してきた。この回答（十六品目に及ぶ）を頼長が久安五年に出した増徴要求額（十四品目）と比べれば、十品目が要求額より減額されていた（本数は十四品目）。

基衡のこの回答について、頼長が下した判断は、承認する荘園となお修正し増額要求をする荘園と二通りあった。

前者は本良・遊佐・屋代三ヶ庄で「申す所、其の理無きにしもあらず。請《せい》に依れ」と受諾した。だが、基衡の「申す所」の内容は伝わってはいない。減額を提示したのであるから、現地の生産性低下（凶作などもか）等々の理由を付けて申し立てたのであろうと考えられる。

後者は高鞍・大曾禰両庄である。納得しない理由は「田多く地広し。増す所幾《いくば》くならず。なお本数を減ずるが如し」だからだという。そこで、表の頼長仁平三年案妥結額に記したような高鞍庄三品目・大曾禰庄二品目の各数量を示したのである。

そして、年貢増徴問題が起きてから、基衡の方から年貢本数が届けられてきていたのに受理せず返却していたが、今回（仁平三年九月十四日）、延貞が頼長方要求通りの年貢総量を久安六年・仁平元年・同二年の三ヶ年分まとめて運んできたので受けとったという。

こうして、確実に五年以上はもめ続けた荘園年貢増徴問題はやっと決着したのである。

摂関家の楽屋話

『台記』の当該記事は以上で終ってはいない。なお「年貢を増す事は……」として五ヶ庄の年貢増徴を画策したのは二人の家司《けいし》（家政を掌《つかさど》るもの）であったこと、それに反対する家司もおり、結局は頼長の裁断で増徴に突っ走った経緯が書かれていた。

年貢増徴は、高鞍庄預《あずかり》の成隆《なりたか》朝臣と本良庄預の俊通《としみち》朝臣とが「勧進《かんじん》」、企画したという。日記の常なるところか、事の結果のみを記し提案理由やその動機などには触れてはいない。おそらく、じり貧状態の経済を食い止めるためであったと思われる。時期は早ければ久安四年、あるいは五年か、五ヶ庄を忠実から譲渡されて間もなくからといえよう。

この意見に反対したのが藤原成佐《なりすけ》であった。彼については「宇治左府（藤頼長）師匠」「（久安）七（一一五一年正月二十六日仁平改元）正二卒」などと知られるので（『尊卑分脈』）、『台記』の当該記事中には「故成佐」とあった。頼長といえば学問を好んだことで有名であるが、成佐はその師であった。

成佐は「諫《いさ》めて」いった、という。それは二人の年貢増徴画策者にも、また、頼長にも強く自制を求めるためであったろう。

彼はまずいう。「匈奴は無道なり。必ずしも君命を受けず」と。基衡は匈奴と同列に置かれた。続いて「是を以て、禅閤の時、度々《たびたび》其の議有りといえども、果たし遂ぐること能わず」であったといい、そして故事を引き論じ採るべき態度は「匈奴は唯仁を以て之に懐《なつ》き、未だ威を以て之を畏《おそ》れしむるを得ず。君（頼長）、其の事を果たさんと欲するや、基衡遂に之を聴かず。君将《まさ》に威を東土に失い嘲《あざけり》を後昆《こうこん》（後世）に遺すべし。願わくば君熟察されんことを」と、高圧的強硬策を避け宥和策をとるようにと進言した。

この意見に対し二人は反対する。「基衡、本数を以て年貢を進むるの時、君、之を受けざれば、基衡、必ず増さん。たとえ定め仰せる数に及ばずとも、何ぞ増す所無からんや。又、基衡は必ず奥寵《おくちょう》（深いめぐみ）を阿媚《あび》（こびへつらう）し、増さざるの籌《はかりごと》を運《めぐ》らす。願わくば君、和親することなかれ」と。要するに、甘やかすと付け上がってしまうから手なずけようとする宥和策では駄目だというのである。

成佐はなお反論する。「少しも之を増さず。二子は小利を求めて顧《かえり》みず。君、若し其の言に従わば必ず後悔有らん」と粘った。

頼長の判断はどちらに傾いたか。「余《よ》（頼長）、成隆、俊通の諫めに従う。果たして其の言の如し。成佐の言う所、巧《たくみ》といえども、慮《おもんぱか》ること二子には及ばず」であった。要するに、成佐のいうところは理想論として排し、現実的には基衡を押しまくり何とか本数からするとわずかの増額を確保したにすぎなかったのであるが、「後日、延貞を召して細馬《さいば》（良い馬）を給う。使節を全うせしに依る」と締めくくって『台記』仁平三年九月十四日の長い長い記述は終る。

後日談を一つ二つ述べて終ろう。「奥州の庄々より持ち来たる砂金一百六十五両（高鞍庄二十五両、本良庄二十両、遊佐庄十両の計五十五両の三年分）、院（鳥羽院）に奉り御悩御祈《おいのり》（病気平癒）に宛てらるべし」に使われた（『台記』仁平三年九月十七日条）。また、遠からず保元の乱（一一五六）が起こるが、頼長はこの乱で敗北したため、彼の奥羽五ヶ庄は他の所領と共に没官《もっかん》（没収）され、後院領《ごいんりょう》（後白河院領）になったという（『兵範記《へいはんき》』保元二年三月二十九日条）。

基衡の胸中は

人は思うのではなかろうか。かつて新任陸奥守として下向してきた藤原師綱が検注を実施した時、基衡は大庄司季春に命じ妨害させた。激怒した陸奥守の前に、季春の命乞いとして陸奥守一任の収入を上回る砂金一万両その他財宝を積み上げたがその甲斐もなかった、という話をである。

また、これは後述するが、基衡が建立した毛越寺《もうつじ》金堂円隆寺本尊造立に関し、京都の仏師

「雲慶《うんけい》」に莫大な財宝を贈り続け、雲慶が腕に縒《よ》りをかけ絶品を完成させたという話も人口に膾炙《かいしゃ》しているところである。

そこで、あり余る財宝をもつ基衡が、なぜ、頼長と年貢をめぐりわずかばかりの増額要求をすんなりと認めなかったのであろうか、という疑問が生ずるのではないだろうか。

一体、基衡は何を考えていたのであろうか。彼の胸中は遥かなる歴史の彼方に封印されてしまったままである。それを解く鍵はあるのであろうか。実はこの時期に、基衡は毛越寺金堂の額揮毫《きごう》を能書家として名高い関白忠通に依頼していたらしいのである。そこで、頼長との仲が悪化していた忠通の機嫌を取るべく頼長に楯突いてみせたのではなかろうかなどと考えたりしてみたが(この件、後述する)。

藤原成佐は「匈奴は無道なり。云々」と発言した。譬《たと》え話として諫言《かんげん》の材料として使ったとしても、基衡をそう擬していることになってしまう発言であった。都人士の奥羽住民に対する蔑視や蔑称発言は何もこの時代の昨日、今日にはじまったことではなく、すでに歴史的所産となっていた。

基衡がこの話を伝え聞いたとしても動ずることはなかったであろうが、年貢増徴要求を申し入れる頼長側の態度が当然の要求であるかのごとく威圧的であったとすると、そこで基衡は、時代の変化を無視した相も変わらぬ尊大なその態度に反撥を覚えたのかもしれない。

研究者としては推測もこの辺が限界である。基衡の胸中の探索は打ち切る。

次の秀衡の時代になると、時代はいっそう混沌としていく。今に残る史料による限りでは、秀衡と摂関家との荘園をめぐっての交渉記録などは見出すことができない状況にある。それに代わるように、源頼朝との交渉事が増えてくる。次節の問題になるであろう。

5　源氏と奥州藤原氏

源頼朝、宿意を果たす

奥州藤原氏は歴代、好むと好まざるとにかかわらず源氏と何らかの関わりを持った。その組み合わせを挙げれば、「経清と頼義」「清衡と義家」「基衡と為義」「秀衡と義経・頼朝」「泰衡と義経・頼朝」となる。

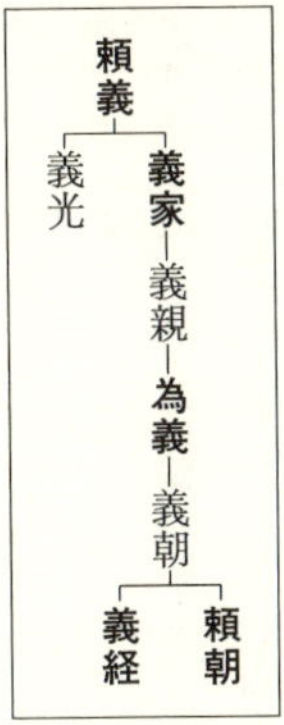

奥州藤原氏五人は親から子へと直系であるが、源氏の方はそうではないので念のため系図を示しておいた。

両者の関わりは、奥州藤原氏が摂関家へ当初、慇懃《いんぎん》に貢馬という形式を踏んだのとは大違いで、奥州藤原氏が望んでの関係は何一つもなく、源氏が勝手に奥羽に乗り込んできて奥州藤原氏にあれこれ強いたりしたのであるから、同氏にとっては天から災害が降ってきたようなことであった。論より証拠に、最後は頼朝によって滅ぼされてしまうのであった。

なぜか源氏は奥羽にこだわるのである。それは源氏代々に受け継がれるが、まるで頼義〜頼朝系源氏特有の遺伝子のごとくである。

頼朝から話をはじめたい。

頼朝が奥羽に、というより奥州藤原氏について特に意識して強い関心を抱くようになったのは治承四年（一一八〇）に起きた源平合戦からである。それは文治元年（一一八五）壇ノ浦合戦で平家が滅び終るが、その間、平家は秀衡の歓心を買うべく陸奥守に任じ頼朝を追討させようとしたこと、あるいは、秀衡が頼朝を討つべく軍勢を率いて白河関を越えたなどという風評が飛び交ったこと、等々は頼朝の神経を随分と逆なでしたことであったろう。

しかして、頼朝がより現実的に秀衡の存在を身近に認識せざるをえない出来事が起きたのである。治承四年十月二十一日のこと（同日条）。この日、頼朝は黄瀬河《きせがわ》（静岡県東部、狩野《かの》川下流の清水町《しみず》）辺で宿泊したが、宿所の前に「弱冠《じゃくかん》（男子二十歳の異称、義経は二十二歳）一人」が佇み頼朝に面会を求めた。家臣は若者の正体不明なるがゆえに取り次がなかったが、そのうち、事は頼朝の耳に入り、「年齢の程を思うに、奥州の九郎か」となって、会ってみると果たして義経であった。頼朝・義経兄弟は「互に往事《おうじ》を談じ、懐旧《かいきゅう》の涙を催」したというが（この時、頼朝は三十四歳）、一体、どんなことが話題になったのであろうか。

二人に共通の話題といえば、平治の乱での父義朝敗北以降の辛酸を極めた苦労話であったろうし、平家打倒の決意も互いに確認したであろうが、『吾妻鏡』は「就中《なかんずく》」として頼朝の懐旧談が百年前の歴史譚《れきしのはなし》として語られたと記していた。

その歴史譚を略述する。後三年の役も最終段階の寛治元年（一〇八七）、清原家衡・武衡等が拠る出羽国金沢柵《かねざわのさく》（秋田県横手市）の攻防戦で、義家苦戦を聞いた弟義光《よしみつ》は左兵衛尉《さひょうえのじょう》の官を投げ打って奥羽に下向、兄の軍陣に加わりついに柵を落としたというのである（『奥州後三年記』、拙著『蝦夷の末裔』参照）。『吾妻鏡』はこの話を述べ「今の来臨尤も彼《か》の佳例に協《かな》うの由、感じ仰せらると云々」と頼朝の感動を記していた。

義経は、

今、武衛《ぶえい》（兵衛府の唐名。頼朝を指す）宿望を遂げらるの由を伝え聞き、進発せんと欲する処、秀衡、強く抑留《よくりゅう》の由、密々《みつみつ》に彼の館を遁げ出て首途《かどで》す。秀衡、悋惜《りんせき》の術を失い、追って（佐藤）継信《つぐのぶ》・忠信《ただのぶ》兄弟の勇士を付け奉る。

などといったという。これを読むと、どうも義経が盛んに自分を頼朝に売り込んでいるように思われてならない。頼朝は素直に喜んだとしても、弟を養育してくれた秀衡に感謝の念をもったであろうか。あるいは、弟の背後に秀衡の影がちらついて複雑な気持ちを押さえかねたかもしれない。

この義経、天才的戦術家ではあるけれども全くの政治音痴という極端な人物。遠からず頼朝にとって義経はうっとうしい、いらいらさせられる存在と化してくる。その延長線上に、不幸にも秀衡がいたし泰衡がいた。奥州藤原氏にとって義経とは貧乏神か疫病神か、はたまた冥府《めいふ》からの使者であったか、とは歴史の後知恵の話ではあるが……。

こうして頼朝は、ついに文治五年(一一八九)に奥州藤原氏を滅ぼしてしまった。もちろん、それに先立って義経誅殺を目論むが、これは泰衡が手を下した。しかし許さず泰衡を討ったのである。『吾妻鏡』を通読すると、頼朝が源氏相伝の奥羽への怨念を燃やしている記事が随所に現われてくる。「私の宿意を遂げるべきといえども、云々」(文治四年二月十三日条)、「宿意を遂げ令《し》むべきの由、云々」(同五年閏四月二十一日条)、などであり、その熱中ぶりは、たとえば「此の間、奥州征伐の沙汰の外他の事無し」(同年六月二十七日条)などとも知られる。

頼朝は自らの、いや、源氏相伝の遺伝子たる宿意を果たしたのであるが、後日談に触れなければならない。

文治五年十月二十日、鎌倉に帰着した頼朝は、永福寺《ようふくじ》建立を思い立つ。その事始めは、十二月九日であった。この事実はすでに前述してあるが、繰り返す。その建立目的は二つあった。(一)は奥州藤原氏三代建立の華麗なる精舎を忘れかね、その鎌倉での模倣・再現をはかったことであり、(二)は「今、関東長久の遠慮を廻らしめ給うの余り、怨霊を宥めんと欲す。義顕と云い、泰衡と云い、指《さ》したる朝敵に非ざるも、只、私の宿意を以て誅亡」したことへの鎮魂のためということ、などであった（宝治二年〈一二四八〉二月五日条）。

もちろんここでは(二)に注目しなければならない。義経も泰衡も実は朝敵というほどのものではなかったが、自分の、源氏相伝の願いでもあり恨みでもあった宿意を果たすために彼らを討ったというのである。つまり、奥州征伐は源氏が勝手に仕掛けた合戦であることを白状したも同然の発言であった。だからこそ、「関東長久の遠慮」つまり将来に向けての頼朝支配の安定を願うためにも、頼朝を恨みながら死んでいった数多くの奥州人（同寺建立事始めの記事には「数万の怨霊」とある。これは源氏歴代に殺害された奥羽人すべてを含むかもしれない）の怨霊の祟《たた》りが身にしみておそろしいから、そのための鎮魂を目的とした造寺であった。おそらく頼朝は「倹は存し、奢は失す」などと心でつぶやきながら建立を急がせたのではないかと思えてならない。

また、永福寺の修理を伝える『吾妻鏡』の記事（宝治二年二月五日条）の末尾に「明年（宝治三年三月十八日建長《けんちょう》改元）は義顕并びに泰衡一族滅亡年の干支に相当する所なり」とあった。文治五年（一一八九）の干支は「己酉《つちのととり》」、その六十年後は建長元年（一二四九、「己酉」である）。宝治二年は頼朝没してより（その死は正治《しょうじ》元年〈一一九九〉）ほぼ半世紀後になるというのに、どうしてこういう記事を載せるのであろうか。奥州藤原氏滅亡・永福寺建立開始より六十年、干支一巡の節目《ふしめ》ゆえのいわば記念の年、頼朝の偉業を称える、というただそれだけの懐古的記事なのか、それとも鎌倉方に、奥州藤原氏滅亡について何か屈折した思いが残っていたからなのであろうか。

奥州藤原氏は源氏の御家人か

源氏が奥羽に対して抱いた宿意とは、一体、どういうことなのであったろうか。

それは、源氏が奥羽に覇権を確立しえなかったことから生じたと考えられよう。前九年の役での頼義の陸奥守任官が永承《えいしょう》六年（一〇五一）、奥州藤原氏滅亡が文治五年（一一八九）、その間百四十年ほど。前九年の役終了時辺りから頼義は未練を残しながら奥羽から去っていった。その後の後三年の役でも陸奥守義家は解任されてしまい、以後百年、奥羽に君臨したのは藤原氏だけであった。

その藤原氏は武力で源氏を奥羽から追っ払ったわけではない。経清は奥羽にとって他所者《よそもの》であったが、奥州人を妻として住みつき、その子清衡以下は地生えの奥州人といってよい。

源氏は頼義から頼朝・義経に至るまで、奥羽にとってはすべて他所者である。従って、土着・地生え対他所者の対立・抗争の展開が百年の歴史に現われたともいえるのである。その間、源氏は怨念なり恨みつらみを奥羽に覇権を確立していく奥州藤原氏に向け続けてきた。奥州藤原氏にすればとんだ迷惑千万な話である。同氏はそのことを知っていたであろうか。知ったところでどうしようもないことではあるが……。

源氏の奥羽に対する宿意は現実的には奥州藤原氏に向けられるが、それは源氏の個人的な手前勝手な思い込みにすぎず、それだけを根拠に源氏が奥州藤原氏追討に踏切る名分とするわけにはいかない。

詳細は省くが、義経と頼朝との関係悪化に関し、義経に頼朝追討の院宣《いんぜん》が出たり、逆に、義経追討院宣をめぐり頼朝と後白河院との間にぎくしゃくした間柄が生ずる。

その挙句、頼朝は奥州藤原氏討伐の名分にやっとたどり着く（文治五年六月三十日条）。大庭《おおば》平太《へいた》景能《かげよし》なる兵法の故実に明るい「武家の古老」が頼朝に召し出され、奥州征伐について勅許がないまま中途半端に御家人を召集しているが、どうしたらいいかと尋ねた。

この問いに対し景能は、

軍中、将軍の令を聞くも、天子の詔を聞かずと云々。已に奏聞《そうもん》（天皇に奏上すること）を経らるるの上は、強《あなが》ちに其の左右《そう》（命令）を待た令《し》め給うべからず。随って泰衡は、累代御家人の遺跡を受け継ぐ者なり。綸旨《りんじ》を下されずといえども治罰《ちばつ》を加え給う。何事か有らんや。

といい切った。

この主張は二点から成っている。㈠は前半で軍中、つまり戦陣で令（軍令、古代なら「ぐんりょう」と読む）を下しうるものは将軍だけであり、天子・天皇といえども下命できず、また、従う必要もないという見解である。その上、此の度はすでに泰衡追討を上奏しているから今更綸旨を待つ必要はない、ともつけ加えている。

㈠の考え方は何を根拠にしての主張であったろうか。歴史をたどれば、「軍防令《ぐんぼうりょう》」節刀《せっとう》条および大将出征条等に行き着くであろう。

節刀とは天皇の命を受けた征討軍大将に賜わる刀で、権力の象徴であった（節刀条。「軍防令」によると、大将は征討軍編制上の職制には定められていない。一軍の総指揮官は将軍であり、三軍を率いるそれを大将軍と定めてある〈将帥出征条〉。従って現実には、大将軍・将軍に節刀を賜わっていた。以下、法文のままに、大将・将軍と混用するが、同一のものと考えてよい）。そして「閫外《こんがい》（都の外）の事、将軍之（軍令）を制す」と定められており、一人、作戦指令の「軍令」を発しえたし、かつ、軍団大毅《ぐんだんだいき》（諸国で徴兵された兵士から成る軍団の長〈内外六位以下のもの〉、征討軍は軍団兵士で構成された）以下に軍令不服従、稽留《けいりゅう》（物事の処理がとどこおる）、軍興欠乏《ぐんこうけつぼう》（軍務をおこたる）等があった場合、大将軍は斟酌《しんしゃく》してその罪が「死罪以下」ならば専決できるとも定められていた（「大将出征条」義解《ぎげ》）。

それが時代が下るに従って、いつの間にか肝心の節刀下賜という条件が抜け落ちてしまい、「閫外の事、将軍之を制す」という武士にとってはまことに都合のいい部分のみが、声高に唱えられることになったのではないだろうか。

㈡は後半にある。景能によれば「奥州征伐」への発向については㈠の条件だけでも十分であるが、それに加えて、泰衡は源氏の御家人であった代々（先祖）の後継者（遺跡）なのだから、頼朝が罪を糺《ただ》すことには何も問題はない、というのである。

こうした意見を聞いた頼朝はすっかり喜んで、景能に鞍付きの馬を与えたという。では、奥州藤原氏は先祖代々、源氏の御家人であったという景能の指摘は事実なのか。次の課題である。

「汝は先祖相伝、予の家僕たり」

藤原経清を前九年の役終了時（康平五年〈一〇六二〉）に捕らえた前陸奥守源頼義は、合戦中、己に背きかつ愚弄するがごとき言動をとった経清に残酷極まりない処刑を科す。その際、経清に向かって次のような罵詈《ばり》雑言《ぞうごん》を浴びせた。

汝《なんじ》は先祖相伝、予の家僕たり。而るに年来、朝威を忽緒《こっしょ》（ないがしろにする）し、旧主を蔑如《べつじょ》（いやしみかろんじる）す。大逆無道なり。

頼義のいいたいことは、汝（経清）が予（頼義）の家僕であることは、汝の先祖以来から予の先祖代々の家僕であったことによる、という理屈である。そうなると、経清の先祖の調査が必要になる。

再び『尊卑分脈』の奥州藤原氏の先祖の系図を示した。各人名脇にみえる注記の信憑性のほどは不明であるが、今の我々には知りえない何らかの史料によっての注記であるかもしれないという程度に理解しておこう。

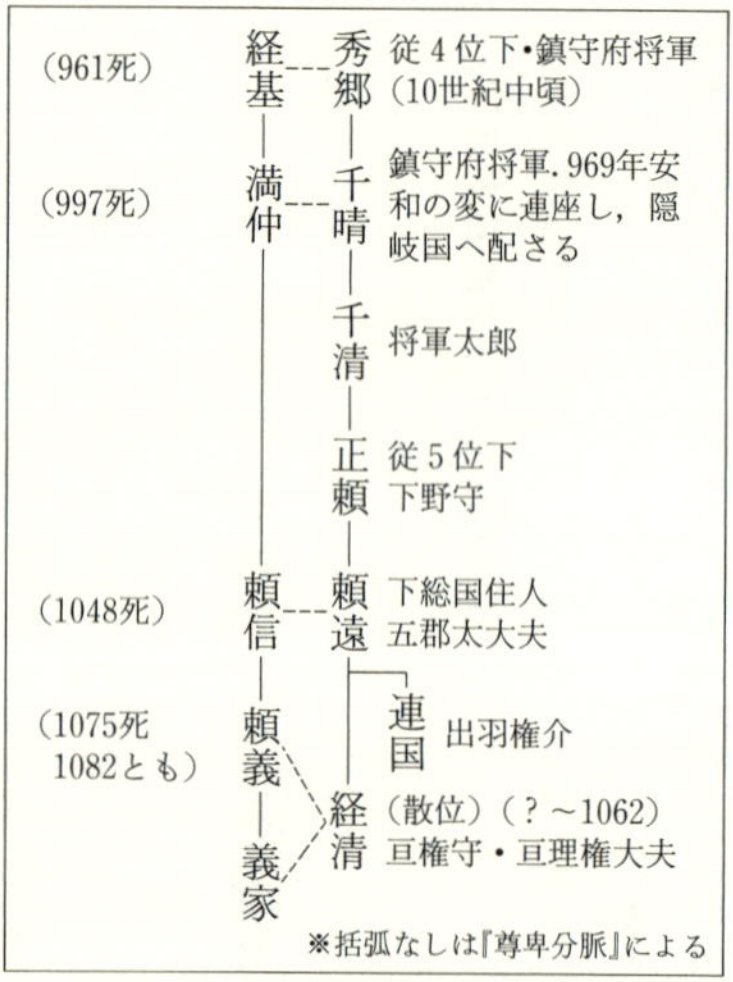

そこで、経清の父が下総《しもうさ》国（千葉県北部・茨城県南部・東京都東部。平将門《まさかど》・忠常《ただつね》の本拠地）住人だとか、祖父が下野守《しもつけのかみ》（栃木県。藤原秀郷の本拠）であったことに注目したい。

源氏の系譜も併記しておいた（死亡年は源氏各人の場合である）。これは源氏の何某と藤原氏の何某とが、ほぼでいいから同時代人になるか、を知るためであった。

関東では「平将門の乱」(承平《じょうへい》五年〈九三五〉〜天慶《てんぎょう》三年〈九四〇〉)が生起した。これは秀郷の時代のこと。それよりも重視すべきは「平忠常の乱」である。長元元年(一〇二八)に生起、同三年源頼信《よりのぶ》が派遣され翌年(一〇三一)忠常降伏、乱後、関東は清和源氏の強固な地盤になったといわれる。

その忠常は上総《かずさ》(千葉県中部)・下総両国に大勢力を形成していた。その時期は頼遠《よりとお》の時代か、それとも、正頼《まさより》の時代であったか。

表を作って左に示した。頼遠の息経清が永承二年(一〇四七)には陸奥国在住で、五位の散位であったことはすでに知られている。その時の年齢は不詳であるが、なお「選叙令《せんじょりょう》」授位条(授位年齢は二十五歳以上)が生きていたとすると、経清は二十五歳以上であったはずである(蔭位によるなら二十一歳以上)。表はその二十五歳を基準にして作ったが、経清誕生年は治安三年(一〇二三)以前となる。しかして、いかなる過程を経てかはこれまた不明であるが、永承二年に五位ということであれば、最年少の二十五歳とは考えられず、三十五歳以上であったかもしれない。そうなると、生年は十年遡ることになる。いずれにしても、忠常時代と

1023	経清，これ以前に誕生
1028 1031	}平忠常の乱
1037	経清，15歳以上
1047	経清，陸奥国在住 25歳以上（散位，5位）
1056	清衡誕生 経清，34歳以上
1062	経清，厨川で斬殺される

頼遠時代とは重なり、当然、頼信時代とも重なることになる。

乱後、源氏は頼信・頼義父子が平氏に代わって関東で威を張る。そこで、下総国住人である頼遠は源氏にいかに対応することになったか、である。

下野守正頼の息子ということになっている頼遠が下総国へ移り住人となった理由は定かではないにしても、彼は「五郡太大夫《ごぐんたいだいぶ》」という妙な地位・肩書をもっていたとある。これは流布本『陸奥話記』の「六箇郡之司に安倍頼良という者あり」と共通する感がする。頼遠は下総国内のある程度広域の実力者とか世話役ほどの者であったことをいうのか。

その頼遠はかつて平忠常の威に服していた。しかし頼信が乗り込んできて忠常を排除した。そうなると、関東で今まで忠常に服していたものこそ、今度は競って頼信に名簿《みょうぶ》を奉って身の安泰を図ったに相違ないであろう。

こう考えていくと、頼遠も大勢の赴くまま頼信に臣従せざるをえなくなったという想定に到達するであろう。そうした儀式もあったろう。そのことを頼信息の頼義もしっかりと覚えていたのではあるまいか。だから頼義は経清の裏切りに対して怒り心頭に発し、源氏の家僕のくせに云々と責め立てたのであろう。

経清は関東から奥州へ移った。その理由がいかなることであったかは知る由もない。時期は永承二年以前としかいえない。父が源氏に臣従したことが原因での移住であったか。

前九年の役が生起し源頼義が陸奥守となって下向してくるまで（永承六年〈一〇五一〉任、翌年着任）、経清の奥州生活は何年を経たであろうか。十年以上は過ぎていたであろうか。そこにまた源氏である。何という巡り合わせであろう、と経清は思ったのではなかろうか。やがて、経清は悲惨な最期を遂げることになるのであった。

源為義、長年、陸奥守を渇望

これは『保元物語《ほうげんものがたり》』の「為義降参の事」にみえる話である。

まず、今回使用する同書（『岩波・日本古典文学大系31』）について若干説明しておく。実はそれには二種類の『保元物語』が収められていた。本文は「金刀比羅宮《ことひらぐう》所蔵本」（以下、金本とする）を底本とし、付録として「宮内庁書陵部蔵・古活字本」（以下、古本とする）を加えていた。共に「為義降参の事」を表題とし、内容についても為義が長年希望した陸奥守任官が叶えられなかったので他国の守などになりたくないと六十過ぎまで我《が》を通したという話の趣旨も大方は共通してはいるが、細かな言い回しになると違いが目立つし、ある事柄について一方にはあっても他方にはないという指摘もできる。

いずれにせよ、『原・保元物語』があり、後々、筆写を重ねてきた途中で『原・保元物語』には存在しなかった異物が混入したため前記したような異同が生じたに相違ない。今、異物

	藤原家成官歴	為義年齢 永長元（1096）生	為義年齢 寛治4（1090）生	基衡年齢（推定）
保安4（1138）11月17日	権中納言	43	49	40～50
久安5（1149）7月28日	中納言	54	60	51～61
仁平4（1154）5月29日	死去	59	65	57～67
保元元（1156）		死去 61	死去 67	59～69
保元2（1157）				死去 60～70

といったが、それは後人《こうじん》の広い意味でいえば一種の解釈であったろう。単に個々人の思い付きだけのこともあったろうし、何らかの史料に基づく判断であったかもしれない。

さて結局は、以下では二種類の『保元物語』のあちこちをつまみ食いすることにならざるをえない（原文引用に際しては、前記した略記法を示す）。

まず、為義が陸奥守就任を望むようになった理由およびその時期についてである。

理由は「先祖の任国《にんこく》」（金本）だからだという。祖父義家・曾祖父頼義が陸奥守になった事実をいうのである（為義は、義家の子義親《よしちか》の四男。父は謀反で誅殺されたので義家四男義忠の養子となるが、義忠夭折。そこで義家の養子ということになり一統の正嫡となった）。その時期については「日《ひ》比《ころ》、中御門《なかみかど》中納言家成《いえなり》卿に付て、陸奥守を望み申けるに」（古本）が参考になる。ここに家成の官歴を表示しておいた（『公卿補任』）。為義が陸奥守任官を家成の権中納言時代から働きかけていたとすると、為義は保元の乱で刑死（その時、六十一歳、六十七歳などという。共に『尊卑分脈』）するので、陸奥守への願望は晩年にかけて強まったといえよう。

その願いが叶ったかというと、答えは否である。その理由は何か。

（金本）汝が祖父頼義其後《〔ママ〕》（国）の守護（国司のこと）たりし時は、十二年の合戦ありき。父義家任国の時は後三年の軍《いくさ》ありしかば、汝が家におゐては不吉の宰使（国司）なりとて、御許容なかりしかば……

（古本）祖父伊与入道頼義、此受領に任じて、貞任・宗任が乱によつて前九年の合戦ありき。八幡太郎義家、又彼国守に成て、武衡・家衡をせむるとて、後三年の兵乱ありき。然れば猶意趣残る国なれば、今、為義陸奥守に成たらましかば、定て基衡を亡さんと云志有べきか。かたがた不吉の例也。とて、御ゆるされなかりしかば……

という結末になった。

両書のこの箇所だけの比較でいうと、金本の方がより『原・保元物語』に近いと判断できよう（理由を簡単にいうと、今、前九年の役と呼ぶ合戦は古くは「十二年合戦」といわれ、いっしか、前九年・後三年と合わせて十二年合戦となる。拙著『蝦夷の末裔』参照）。一方で、読者に誤解を与えるがごとき表現がある。それは、頼義や義家の陸奥守在任中に合戦が起きたように記されているからである。陸奥守任官が先で合戦がその後、ということである（事実は逆）。だから、「汝が家」、源氏を陸奥守にすることは「不吉の宰使」になるという理屈になり、汝

（為義）を陸奥守に任ずるとまたまた何か事件が発生する可能性大だから認められない、となるのであった。

そして、金本は為義の心中を慮《おもんぱか》ってか、

さしも意趣深く思けん前途をも達せず、後栄をも空《むなし》くして、身をいたづらになしはてけむ心のうちこそかなしけれ。

と記す。陸奥守の希望も空しく、また、息子為朝《ためとも》の鎮西《ちんぜい》（九州）での悪行のことありで久寿《きゅうじゅ》元年（一一五四）十一月二十二日「任を停《とど》む」、すなわち、検非違使・左衛門大尉《さえもんのだいじょう》等解任を指して、我が人生はすべて終ってしまったという嘆きに同情を示している。右で使われた「意趣」とは、恨みではなく彼が心の中で深く考えていたこと、強い願望、ほどの意であったとせねばなるまい。

古本も頼義・義家たちの陸奥守任官が先で、合戦は以後に生起したごとき記述をなしていたが、その後、つまり、為義を陸奥守に任じたらどうなるかという見通しを述べる段になるとがらりと金本とは変わってしまう。「然れば猶意趣残る国なれば」とまずいう。金本の「さしも意趣深く思けん云々」とあった「意趣」を意識的に取り上げて、ここでは意趣の意を「恨み」に変化させてしまっている。

源氏が陸奥守になって下向すると現地勢力と事を起こす。何たることであるか、甚だ怪しからん国である、という「恨み」になるのである。だから続けて、此の度、為義を陸奥守に任命したら、必ずや「恨み」を晴らすべく「定て基衡を亡さんと云志有べきか。かたがた不吉の例也」と、「不吉の宰使」（金本）の「不吉」をここに持ってきて締めくくるのである。『原・保元物語』に近いと考えられる金本を、古本がこのように拡大解釈したとするなら行き過ぎといわざるをえない。

　では、ついに陸奥守になれなかった為義はどうしたか、である。

　（金本）御許容なかりしかば、判官《はんがん》（為義は「六条判官」と号した）陸奥の外は給ては何かはせんと申ける間、よの国をも給らずして、六十に余るまで、地下《じげ》（内裏清涼殿に昇殿を許されない官人）の検非違使にて有しが……

　（古本）為義、しからば自余の国守に任じてなにかはせんとて、今年六十三まで終《つい》に受領もせざりけり……

とあった。右の記事によれば為義六十七歳享年説に拠ることになるであろう。「今年六十三」は仁平二年（一一五二）に当たるが、『尊卑分脈』によると為義は尾張介をはじめ伊与・相模・河内・下野各国守を歴任したとある。六十三歳までの何年間、「終に受領もせざりけり」であったのであろうか。

義宗　早世
義親
義国
義忠
為義——義盛（行家）陸奥十郎　新宮十郎
義時　陸奥五郎
義隆　陸奥六郎

最後に一言。為義は「もと陸奥四郎とぞ申ける」（古本）とあった。『尊卑分脈』によると表に示したように、義家の子供二人に「陸奥五郎・六郎」と称するものがおり、また、為義の子行家《ゆきいえ》（義盛《よしもり》とも）については「新宮《しんぐう》十郎」と号すとあったが、『吾妻鏡』では「陸奥十郎義盛、廷尉《ていい》（検非違使の唐名）為義の末子」とみえていた（治承四年〈一一八〇〉四月九日条）。義家の長男義宗《よしむね》は早世したというから為義は四男に擬せられ「陸奥四郎」と号したというが真偽のほどは判らない。

頼朝と秀衡

平泉の秀衡時代は、基衡死去の保元二年（一一五七）からはじまった。

秀衡時代が開幕して間もなく中央では平治の乱（平治元年〈一一五九〉）が起き、源義朝は平清盛に敗れ、義朝の息頼朝は伊豆配流となり、彼の地で雌伏すること二十年余、やがて世は治承四年、源平合戦の開始である。かくて頼朝はようやく歴史の表舞台に登場することになる。三十四歳になっていた。

一方の秀衡の生没年は不明。没年齢には諸説あるが、遺体調査の結果は五十（あるいは五十五）～六十歳と推定されている。治承四年には四十三（四十八）～五十三歳となる。

さて、秀衡と源氏との関わりは、安元元年（一一七五、承安五年七月二十八日改元）に頼朝の弟義経が平泉入りしたことからはじまったといえよう。だからといって、秀衡と頼朝とは互いに接触――音信などで――しようとした形跡はない。

両者が（といっても、実は史料としては『吾妻鏡』が主な拠り所となるので、秀衡の言動については知られるところ乏しく、不明な部分が多い）特に互いを意識するようになるのは源平合戦開始からと考えられ、以後、秀衡の死（文治三年〈一一八七〉十月二十九日没）に至るまでの満七年ほどの短い期間にすぎなかったのである。この間、両者は武力衝突、合戦に及んだことはなく、もっぱら、外交的駆け引きに終始することになる。

外交的駆け引きといっても、源平合戦期にあっては、京都に後白河法皇や藤原摂関家、平家もいる（治承四年の「福原遷都」など細かいことは省く）。源氏といっても頼朝だけではなくその下に義経も馳せ参じたし、木曽《きそ》義仲《よしなか》（頼朝の従弟）や源行家（頼朝の叔父）もおり、平泉には秀衡あり、越後国には余五《よご》将軍（平安時代中期の武将、平維茂《これもち》）の末裔、城《じょう》氏兄弟あり、と群雄割拠か多士済々《せいせい》か、という状況であり、これら有力者の思惑がさまざまに入り乱れ飛び交ったのである。

源平合戦期間中、奥羽南部から、また関東・北陸・東海から近畿地方へ、さらに中国地方西端まで、多数の軍勢が陸上を海上を移動し合戦を遂げ、かつ、情報が飛び交った。これほど大規模、つまり、日本列島の広範囲で合戦が展開すれば、当然、多数の軍勢が長距離を移動したし、その上虚実定かでないというべきか、とりませたといったらいいのか、その種情報が人々の口から口へとしか考えられないが広まったということなどは、日本歴史上、未曾有の出来事であったといわなければならないであろう。

義経を例にとってみる。京都鞍馬《くらま》寺《でら》から金商人《こがねあきんど》吉次《きちじ》に連れられ平泉へ（安元元年）、頼朝挙兵を知るや平泉を出奔、駿河《するが》国黄瀬河で頼朝と対面、以後、西へ西へと平家を追い、ついに長門《ながと》国壇ノ浦で平家を滅ぼし都へもどり、やがて鎌倉腰越《こしごえ》（神奈川県鎌倉市）に至るも頼朝の不興を買い空しく京へもどり、その後は北陸を通ってか再び平泉へ入った（文治二年）。これだけでも、なんと大移動をしたことか、といえるであろう。

源平合戦期は、ある種の情報合戦期であったともいえる。都では秀衡が平清盛の命をうけ頼朝討伐の請文《うけぶみ》（上位者からの文書の内容を了承し実行を約した文書）を出したそうだという情報が広まったが、「但し実否は未だ聞かず」とは『玉葉』にみえるところであった（治承四年十二月四日条）。

翌治承五年（一一八一、七月十四日養和《ようわ》改元）に入ってもその種の情報が京都を駆け巡るが、これらは「浮説」「虚説」で「秀平は全く動揺せず」であった（『玉葉』同年三月一日・十七日条）。こうした風評の出所などは不明であるが、多分に平家の希望的観測を代弁する恰好になっていたといえよう。

しかし、現実は風評通りには動かない。業《ごう》を煮やしたのであろう、平家は秀衡を陸奥守に任ずるという奥の手を打つ。養和元年のこと。貴族たちは半ばは、あるいは表面的には止むをえないことかといいながらも、内心では「天下の恥」とか「嗟歎《さたん》」（なげくこと）甚だし、などと呪いのたけを日記に書く（『玉葉』『吉記』同年八月十五日条）。

このような秀衡の動向についての風説・風評については頼朝方もさぞ耳をそばだてていたことであろう。『吾妻鏡』は、「藤原秀衡、武衛《ぶえい》を追討せしむべきなり。平資永《すけなが》（城氏）は木曾次郎義仲を追討すべきの由宣下せらる。是れ平氏の申し行うに依りてなり」（養和元年八月十三日条）と記す。ほぼ半月後、同書は「越後守資永城四郎と号す勅命に任《まか》せ当国（越後国）の軍士を駆り催して、木曾冠者義仲を攻めんと擬するの処、今朝頓滅《とんめつ》（急死）す。是れ天譴《てんけん》（天罰）を蒙《こうむ》るか」（同年九月三日条）と書く（この辺、記事に混乱あり。秀衡任陸奥守と同時に越後守に任じられたのは平助職《すけもと》で資永の弟である。今は問うまい）。

頼朝、秀衡を調伏せんとす

頼朝にすれば、秀衡とは敵対関係に入っているとの認識を強めたことであろう。そこで、次のような行動に出るのであった。

養和二年（一一八二）四月、頼朝は「腰越辺の江の島」（神奈川県藤沢市）に出向いた。それは文学《もんがく》（覚《がく》）上人《しょうにん》が頼朝の念願成就を祈るため江の島に勧請《かんじょう》（神仏の来臨を請い願うこと。あるいは、その分身、分霊を他に移しまつること）した大弁才天《だいべんざいてん》の供養をするに当たり、その監督をするためであったという。しかしそれは表向きの口実であったらしく、実は「密議（儀か）なり。此の事、鎮守府将軍藤原秀衡を調伏《ちょうぶく》の為なり」が目的であった（同月五日条。なお秀衡は前年に陸奥守になっていた）。調伏とは、人をのろい殺すことである。

頼朝にすれば、西に平家、北に秀衡と、腹背に敵ありという思いであったろうし、西へ向かうとなると前門の虎は平家であり、後門の狼は秀衡になる。といって軍勢を二手に分けて一を西へ一を北へ白河関を越えて平泉を攻めることはまずはできないことである。そうであれば、せいぜいのところ調伏なる密儀を行うことくらいしかすることはないであろう。

効験あらたかと信じ密儀を執行したのであろうが、「秀衡頓死」といった風評すら立たなかったようである。前年の越後守「頓滅」（これ天罰か）再現を狙ったのかもしれぬが、その期待は空しかった。秀衡死去は五年半余を経た文治三年十月末のことになる。

頼朝、秀衡に孤立を強いる

元暦《げんりゃく》元年（一一八四）六月、東大寺大仏鋳造完了後の鍍金《めっき》（滅金とも）料金として「諸人の施入《せにゅう》（寄付）少々有るの上」に頼朝が千両、秀衡は何とその五倍もの五千両を奉加した

(『玉葉』同月二十三日条)。周知の通り、源平合戦起こるや治承四年十二月二十八日、平家により東大寺や興福寺は焼き討ちされた。大仏については翌養和元年(一一八一)十月六日から鋳造がはじまり寿永二年(一一八三)五月十八日に至ってすべてが完了したという(「東大寺造立供養記」『群書類従』所収)。

前記史料から、秀衡が京都の諸勢力とのつながりの維持には十分に気を使っていたことが知られる。特に、秀衡からの貢馬・貢金等の記録が貴族の日記に頻出するわけではないが、さりとて、近頃はさっぱり奥州から何も送ってよこさないという苦情もみえないようである。実のところ貴族たちはそれどころではなく、時代の変わり行くさまに気をとられていたからであろう。

元暦二年三月、壇ノ浦合戦での平家敗北をもって源平合戦は終る。八月十四日、文治と改元。その後、頼朝と義経との確執はますます悪化する。「義経、行家同心して鎌倉に反す。日来内議有り。昨今已に露顕す。……或いは云う。秀衡与力すと云々。子細に於ては実説定まらずといえども、蜂起に於ては已に露顕す」(『玉葉』文治元年十月十三日条)と、秀衡の与《あずか》り知るところではないはずなのに、またぞろ秀衡暗躍かといわんばかりの風評が京都で流布されたようである。ついに十月十八日、義経・行家に頼朝追討の宣旨が下された(同日条)。十一月、形勢一変。逆に義経たち捕捉の院宣が下る(同月十一日条)。こうした目まぐるしい変化は「日本国第一の大天狗」と頼朝が称した後白河法皇の無定見・御都合主義によるのであった（同月十五日条）。

頼朝は敵対勢力たる秀衡といかに対処すべきか。義経の消息は不明である。いや、あえて泳がせ平泉入りを待つことにしたのか。

翌文治二年、頼朝・秀衡両者の間に新しい動きがあった。

「去る比《さんぬころ》」、二年早々のことか、頼朝は秀衡に書状を送った。

御館《みたち》（秀衡）は奥六郡の主、予（頼朝）は東海道の惣官《そうかん》（統轄者）なり。尤も魚水の思いを成すべきなり。但し行程を隔てて、信を通ぜんと欲するに所無し。又、貢馬、貢金の如きは、国土の貢《みつぎ》たり。予争でか《いか》管領せざらんや。当年（今年）より、早く予め《あらかじ》伝進すべし。且つは勅定《ちょくじょう》の趣を守る所なり。

という内容であった。一見、慇懃なれど、要は、従来、秀衡が馬・金を平泉から直接、京送していたのを頼朝・鎌倉経由にせられたし、という通知、いや、これは勅定（後鳥羽天皇の命令）の趣旨により伝えるというのであるから、命令といってよい。

頼朝の意図したところは、秀衡と京都諸勢力とを分断し秀衡を白河関以北に孤立させること、そして以後は頼朝が両者の間に割って入る形になるが、貢馬・貢金は頼朝の管理下に置かれる、つまり、頼朝は秀衡を自分より下位に位置付けることにしたのである。

秀衡の返書、請文が鎌倉に着いたのは四月二十四日であった。「貢馬・貢金等は先ず鎌倉に沙汰し進ずべし。京都に伝進せしむべし」という趣旨が述べられたという（同年四月二十四日条）。

秀衡はあっさり承知した。これをもって、秀衡はいわば外交権を放棄したなどといわれているが、京都の諸勢力は果たして秀衡との外交権というより交渉権断絶を我慢しえたであろうか。

以後、秀衡は頼朝の言い分を忠実に履行した。五月十日、「陸奥守秀衡入道、貢馬三疋幷びに中持《なかもち》（長持か）三棹《さお》等」を送進してきたので、馬は一両日飼育し使者を副《そ》えて京送した。十月一日、「陸奥国今年の貢金四百五十両、秀衡入道之を送献す」とみえ、三日に「貢馬（五疋）幷びに秀衡進むる所の貢金等、京進せらるる所なり」とあった。

明くる文治三年、頼朝対秀衡の心理戦は、両者はもちろんそのことをまだ知らないが、最終年を迎える。

二月十日、鎌倉方は、義経が秀衡の権勢を頼りにしついに平泉にたどり着いたことを把握した。この情報こそ、頼朝の待ち望んでいたものであった。頼朝は義経の身柄引渡しを秀衡に要求するも「秀衡に於いては異心無きの由を謝し申す」とのれんに腕押しのごとき回答をする（九月四日条）。

そうしている折、頼朝対秀衡の外交戦、心理戦が最高潮に達する場面が展開した（『玉葉』同年九月二十九日条に詳しい）。

三事についてである。㈠は前山城守《さきのやましろのかみ》中原基兼《なかはらのもとかね》の事、㈡は東大寺大仏滅金料沙（砂）金の事、㈢は「度々、追討等の間、殊功無き事」、等である。

㈠の基兼は「元（後白河）法皇の近臣、北面《ほくめん》の下﨟《げろう》（北面の武士）にして、凶悪の人」だという。かつて鹿《しし》ヶ谷《だに》事件（治承元年〈一一七七〉）で平清盛に捕らえられ、奥州に流され秀衡に属するようになっていた。頼朝はいう。平家のために、わざわいに遭ったのであるから、今となっては上洛させ元通り召し仕えさせるべきだと。

㈡については、陸奥貢金は年々減少しているが、大仏滅金のため大量の金が必要なので三万両の進上を秀衡に要請していた。

こうした頼朝の要請に対し、「秀衡、院宣を重んぜず殊に恐るる色無し。又、仰せ下さる両条（㈠と㈡）、共に承諾無し」だという。

秀衡はいう。㈠の件については、本人が上洛したくないといっているので、その意志を尊重しているだけで無理に拘束しているわけではないと。㈡については、「貢金の事三万両の召は、太《はなは》だ過分たり。先例広く定むるも千金に過ぎず。なかんずく、近年は商人多く境内に入り、砂金を売買し、仍《よ》りて大略掘り尽し了《おわ》んぬ。仍りて旁《かたがた》叶うべからずといえども、求め得るに随い進上すべし」が秀衡の返事であった。なお、㈢は結局はうやむやになってしまったらしい。

結論を急ごう。一ヶ月後、秀衡は死去する。従って㈠・㈡は、㈢同様になったのではないかと思われる。確証はないが、京都諸勢力は、頼朝の秀衡制御力不足をあらためて実感し空しい思いを抱いたのではないだろうか。

第三章　奥州藤原氏三代余話

1　三代の何を語るのか

以上、第一章・第二章において、経清やその祖先から秀衡を経て平泉の最後の主となった泰衡までを、どちらかというと政治や経済などの面から語ってきた。

それには理由があった。すでに述べたように今に残る奥州藤原氏関係の史料は少なく、少ないながら伝わる史料は貴族の日記や『吾妻鏡』その他「説話集」などに見出せるにすぎない。要するに、奥州藤原氏と何らかの関わりを持った相手側が特に関心を寄せた事柄についての記録が残ったにすぎないのである。経済といえば貢馬・貢金や荘園年貢等のことであり、王地押領なら政治の話にもなるので、相手側が記録を必要としたのである。とはいえ、残存史料はそうした政治・経済関係のものばかりとは限らず、それ以外のものも若干は残っている。

そこで以下では、奥州藤原氏三代の人物像を政治・経済関係史料以外から考えてみようと試みた次第である。前章までは歴史現象別叙述形式をとってきたが、本章では人物編として「清衡編」、「基衡編」、「秀衡編」の三部構成にした。

さて、奥州藤原氏といえば岩手県平泉、平泉といえば中尊寺、中尊寺といえば金色堂、金色堂というと藤原氏三代ないしは四代の遺体（ミイラ）、と連想は続くのではないだろうか。

今、平泉を訪れたなら、往時を偲《しの》ばせる遺跡は何が残っているのだろうか。まず、自然の佇《たたず》まい、といいたいがどうであろうか。道路・鉄道の整備は往時の景観を十分に損ねているはずである。東北本線で北上すれば毛越寺跡《もうつじ》・中尊寺を左手・西側にみ、無量光院跡《むりょうこういん》を右手・東側にみることになる。さらにその東側を走る東北新幹線は衣川《ころもがわ》などまばたき一瞬の間にみて忙《せわ》しなく北へ南へと往来《いきき》している現状である。

年間、季節を問わず二百数十万を越えるという多数の観光客で賑わう平泉である。彼らのお目当ては中尊寺金色堂であり、また俗に「人肌《ひとはだ》の大日《だいにち》」と称される一字金輪仏頂尊《いちじきんりんぶっちょうそん》であるかもしれない。

平泉というと、人は誰しも三代が建立した中尊寺・毛越寺・無量光院を想い浮かべるであろう。中尊寺金色堂は「上下四壁、内殿皆金色《かいこんじき》なり」で有名であるし（「注文」）、毛越寺は「霊場の荘厳《しょうごん》は、吾朝《わがちょう》無双なり」と謳《うた》われ（嘉禄二年〈一二二六〉十一月八日条）、無量光院に至っては「院内の荘厳、悉《ことごと》く以て宇治《うじ》の平等院《びょうどういん》を模する所なり」と華麗さを誇っていたという（「注文」）。

「注文」によると中尊寺は「寺塔四十余宇、禅坊（僧侶の住居）三百余宇」、毛越寺は「堂塔四十余宇、禅房五百余宇」と、それぞれ威容を誇っていたごとくである。無量光院については、あっさりと「新御堂《しんみどう》と号す」「三重宝塔」と記すのみであった。

しかしながら、時代と共にそれぞれの威容も衰えていくことは避けられなかった。中尊寺は建武四年（一三三七）の火災で焼失（『平泉旧蹟志』）、現在では金色堂・経蔵のみを残すばかりであるというし、毛越寺については嘉禄二年焼亡との記録（前出『吾妻鏡』）もあって当時の堂塔等はすでにない。無量光院とて往時のさまを伝える縁《よすが》は何も残ってはいないのである。

造寺が三代の事績であったことに違いはないが、しかし「注文」にみえる堂塔の全容を解説したとしても、それは「注文」の書かれた文治五年の観光案内をするに等しく、ただ文字の羅列で終ってしまいそうなのでそれは避けたい。寺々のことについては、これだけは伝えておくべきであると私が選んだ課題に言及することにした。

2　清衡編

清衡は平安京へ行ったことがあるか

清衡は、あるいは基衡も秀衡も、生涯、平泉からそう遠距離、たとえば南の方は白河関を越えることはなかったのではないかと、特に根拠はないものの漠然とそう考えられていたのではないだろうか。

ところが、清衡は三十代から四十代にかけての数年間、平安京に仕官・滞在していたのではないか、という説が唱えられていた（佐々木博康氏「藤原清衡の在京について」『ぐんしょ』二四）。この説の根拠は『中右記』の次の二つの記事である。各記事の内容を事細かに述べても実は意味がないので、証拠とされた箇所だけを指摘する。

(イ) 嘉保元年（一〇九四）五月四日条に「兵衛尉《ひょうえのじょう》 清衡」とあること

(ロ) 承徳元年（一〇九七）正月三十日条に「平清衡」とみえていること

などである。そして結論として、(イ)・(ロ)の「清衡」は同一人物とみられること、この時期、『尊卑分脈』その他を調査しても藤原清衡以外の清衡と名乗る人物は確認できないこと、奥州藤原清衡については寛治七年（一〇九三）から康和五年（一一〇三）まで動静空白期間であること、清衡は上京に際し妻の平氏を名乗ったと考えられること、さらに平安京滞在中、有力者に取り入って藤原を名乗ることも許された、等々を述べ、(イ)・(ロ)の「清衡」はまぎれもなく我らが奥州の藤原清衡にほかならず、彼の在京は間違いないという結論に至るのである。

以下、(イ)・(ロ)両史料を具体的に考えながら清衡在京説を検証してみよう。私の手元の奥州藤原氏年表でも、清衡の動静は寛治六年六月三日の「清衡、合戦企図」以降長治元年（一一〇四）七月十六日「清衡、藤原忠実へ貢馬」まで十二年間ほど空白である。

さて、(イ)では問題の清衡（以下、こう示す）は「兵衛尉」であったとある。兵衛府は左右あり、また尉は大尉《たいじょう》（相当位、正七位下）、少尉《しょうじょう》（従七位上）とある。先に「史料を具体的に考える」といったが、(イ)の場合はこういうことである。すでに「兵衛尉」であるのだから、清衡は有位であり除目を経ていることになる。清衡の極位（その人が到達した最高位）は正六位上とみられるが（「供養願文」）、嘉保元年に七位であった可能性を具体的に考えられようか。後三年の役では勝者側に立ったが、あれは清原氏の内紛で論功行賞はなかったはずである。任官の件はというと、この頃の除目は「秋の司召《つかさめし》（京官の場合）」であったろうから、遅くとも前年、つまり寛治七年前半には入京していなければならなかったはずである。

寛治五年に関白に貢馬した際に提出した申文を実は猟官運動のためと解釈し直し、それが功を奏し上京した結果と考えられようか。そして何らかの官位にありついたとすると数年は奥州へ戻れない。清衡は全く後顧の憂いなしで上洛できるほど奥州を完全支配しえていたのであろうか。彼が不在中、誰がその基盤を守るのか、いや、それを託するに足る人物はいたのか。こういうことをあれこれ考えると、清衡がこの時期に是非とも上京し仕官する必要があったとは到底考えられないのである。

(ロ)は除目関係の記事のごとくであり、そのため人名については「氏＋姓＋名」「氏＋名」の表記になっている。平清衡とあるが（左衛門権少尉か、衛門少尉の相当位は正七位上）、問題はなぜ、平を名乗る必要があったか、である。清衡が藤原を名乗るには何か憚《はばか》りがあったというのであろうか。ならば、清衡在京論者にその理由を示してもらいたい。清原武貞を清衡の継父だという。あるいは清衡は一時期、清原を名乗らされたかもしれぬが（確証なし）、後三年の役後に、藤原清衡と名乗ったとしても誰からも文句をいわれる筋合いはない。また、もし、(ロ)の除目で別に任官すればまた数年は奥州へ帰れなくなる。実はすでに指摘した清衡動静空白期間中に、豊田館から平泉移転の嘉保・康和両年号が存在するのである。そこで、移転をどう考えるべきか、という問題にも関わってくるのである。

ここで『中右記』に登場する「きよひら」を調べると上表のごとくであった。人には筆癖《ふでくせ》がある（書体および用字に）。といって、上表から決定的な何かが判明するわけではないが念のために掲げた。

清平	寛治六年（一〇九二）六月三日条
清衡	嘉保元年（一〇九四）五月四日条
平清衡	承徳元年（一〇九七）正月三十日条
清平	天永二年（一一一一）正月二十一日条
清衡	保安元年（一一二〇）六月十七日条
清衡	大治三年（一一二八）十二月十五日条
清平	大治三年（一一二八）七月二十九日条（『中右記目録』）

『尊卑分脈』その他に藤原清衡以外に清衡、平清衡が見当たらないというが、見当たる方が少数なので、根拠にするわけにいかない。

結局、(イ)・(ロ)二史料のみをもって藤原清衡の在京仕官説を肯定することは無理と断じたい。

以下は蛇足。文治五年九月、清原実俊が頼朝に平泉寺院を案内した折、三代九十九年の歴史を語ったが、清衡の上京、仕官説に言及していない。今更、いってもいわなくともどうということはないが、もしそうであれば、奥州藤原氏三代のうちでも希有の例なのに、といささか気になるのである。

中尊寺関係史料の謎

現在、中尊寺についての誰もが使用する史料が三点残っている。

㈠は巻末に「天治三年（一一二六）三月二十四日弟子正六位上藤原朝臣清衡敬白」という紀年と願主との記載がある「中尊寺供養願文」である（「供養願文」）。これは、通常、中尊寺落《らっ》慶《けい》（完成）に際し願主清衡の願意を述べたものといわれる。

㈡は「注文」である。これは文治五年（一一八九）九月十日に中尊寺経蔵別当大法師心蓮らが頼朝に寺領安堵を求めた際、三代建立の各寺院堂塔についての巨細《こさい》（委細）を書面で注進する旨を言上した結果、提出されたものである（同月十九日条）。

㈢は「建武元年（一三三四）八月日大衆訴状」である（「大衆訴状」）。「陸奥国平泉関山中尊寺衆徒等謹んで言上す」とあり、荒廃した中尊寺堂塔の復興を鎌倉奉行所と陸奥国府とに対し愁訴したものである。

以上、三点の史料は中尊寺に関するものであり、各史料は年代差（㈠と㈡とでは六十三年、㈡と㈢とでは百四十五年、㈠と㈢とでは二百八年）があるとはいえ、各史料に記載されている伽藍の堂塔等の存否については、おおよそは合致すると思われるが、実はそうではない。

特に、㈠と㈡とでは違いが目立ち別々の伽藍のことを記しているのではないかとみられるほどである（佐々木邦世《ほうせい》氏『平泉中尊寺』）。細かいことに触れるゆとりがないままに述べるが、㈠はいつの頃からか「中尊寺供養願文」と呼ばれるようになったのであろうけれども、実は、この「供養願文」中のどこにも中尊寺と書かれてはいないし、金色堂についての記載も見当たらない、等々が指摘できる。

そこで、㈠「供養願文」の寺と㈡「注文」の中尊寺とは明らかに別の伽藍ではないのかという考え方に到達し、そうなると当然のことであるが、では㈠の寺はどの寺かという問題に移り、答えは、毛越寺である、となるという。

毛越寺発掘調査の結果、東側回廊・鐘楼等に火をかぶった痕跡が確認され、その上に全く同規模の遺構が重複して建立されていたという。それらを二期に分け、第一期伽藍は清衡建立の㈠「供養願文」の寺に相当し、その焼亡後、第一期遺構の上に第二期の基衡再建伽藍が成り、これが㈡「注文」にみえる毛越寺であるとするのである。㈠と㈡との中尊寺堂塔関係記事の相違はこうした結論に到達する。

しかしこの際、㈢「大衆訴状」にも言及しなければならないであろう。ここには荒れ果て修理を要する堂塔が列記されているが、これらは㈠「供養願文」にみえる堂塔と一致する例が多いという。このことからすると㈠の寺はやはり中尊寺である、となってしまうのである。

一例を挙げておく。㈠に「二階瓦葺経蔵一宇」があり「金銀泥一切経《きんぎんでいいっさいきょう》一部を奉納す」とあった。㈢にも「経蔵」があり「紺紙《こんし》玉軽〔ママ〕（軸か）金銀泥行交《ぎょうまじり》一切経その他」が収納されているという。また、前述したが大法師心蓮が頼朝に寺領安堵を要請した折、「経蔵は、金銀泥行交一切経を納められ、事に厳重の霊場なり」と申したという（文治五年九月十日条）。以上に三度でた一切経は同一のものであり、ここからの結論はすでに述べた通りである。

あらためて㈠・㈡・㈢の内容を整理し比較すると、

㈠「供養願文」と㈡「注文」とは違う
㈠「供養願文」と㈢「大衆訴状」とは同じ
㈡「注文」と㈢「大衆訴状」とでも同じ

という結果になる。一体、どうしてこういう矛盾というか疑問が生ずる事態になったのであ

中尊寺	毛越寺
長治2年(1105) 2月15日　最初院造立 嘉承2年(1107) 3月15日　大長寿院造立 天仁元年(1108)　金堂建立	XⅠ年　第Ⅰ期毛越寺建立開始(清衡)
天治元年(1124) 8月20日　金色堂建立	
XⅡ年　中尊寺落慶	
	天治3年(1126) 3月24日　第Ⅰ期毛越寺供養願文(清衡)
大治3年(1128) 7月16日 清衡死去	
	大治4年(1129)　清衡二子合戦 第Ⅰ期毛越寺焼亡
	XⅢ年　第Ⅱ期毛越寺再建開始(基衡)
保元2年(1157) 3月16日 基衡死去	
	XⅣ年　同寺落慶，「注文」によると，同寺嘉勝寺は秀衡時代建立

ろうか。謎である、といわねばならない。私は解釈の妙案を持ってはいないので、㈠「供養願文」は「中尊寺供養願文」として使うことにしたい。

なお、天治三年の㈠の「供養願文」を第一期毛越寺のそれとした場合、中尊寺の建立次第は今に知られる史料に基づき、毛越寺は発掘調査結果を踏まえて二度の建立次第を推測して年表を作ってみたので示しておく。中尊寺金色堂が天治元年八月に建立されたとあるから、中尊寺落慶年（XII年）はそれ以降天治三年（正月二十二日大治改元）三月二十六日以前、天治二年中かということになろう。最初院造立から二十年を要したことになる。そして、同三年に毛越寺の落慶供養なら、同寺の完成まで中尊寺と同様二十年を要したとすると、XI年は嘉承元年（一一〇六）となる。そうなると、両寺はほぼ同時並行して営造されていったことになる。同時並行でも造寺の目的が別々だから異とするに足りないということであったろうか。私が作った年表をみた限りでは、どうも腑に落ちない話に思えてならないのである。

「供養願文」執筆をめぐる問題点

清衡は何のために中尊寺を建立したのであろうか。今のところその真意を確かめうる史料が「供養願文」である。だがその前に、願文執筆者とその内容とについて検討すべき問題点があるので、その辺をはっきりさせることからはじめたい。

「供養願文」原本は早く失われ写本が二通残っているという（一本は藤原輔方《すけかた》筆〈嘉暦四年・一三二九〉、一本は北畠顕家《あきいえ》筆〈建武二年・一三三五～延元《えんげん》元年・一三三六〉と伝わる）。後者の顕家筆本の奥書に「件の願文は右京大夫敦光朝臣之を草す」とある。藤原敦光、文章博士《もんじょうはかせ》であり大学頭《だいがくのかみ》を務めたこともある（『尊卑分脈』）。

要するに、清衡が敦光に願文の草案作成を依頼したということであるが、そのことについて考えるべきことが二点ある。

第一点は、依頼の時期はいつ頃かである。それを伝える史料はない。しかし願文の末尾一行「天治三年三月二十四日弟子正六位上藤原朝臣清衡敬白」が解決の手掛りになると思われる。この一行は平泉へ送られてきた草案あるいは清書願文（顕家筆本に「中納言朝隆《あさたか》卿之を書す」とある。藤原朝隆の官歴をいうと、参議就任が仁平三年〈一一五三〉、権中納言が保元元年～同三年〈一一五八〉間であった〈『公卿補任』〉。『尊卑分脈』に「能書」「冷泉中納言と号す」とある）にはなく、後人の加筆ならんと推測されているが、では、その後人加筆はいつのことであったか。実は天治三年は正月二十二日に大治と改元された。後人はなぜ、大治元年としなかったのか。改元のことは三月二十四日になっても平泉は知らなかったからということになろう。当日、この願文が読み上げられるとすれば、日付は遅くとも前日までに入れなければなるまい。遡れば、三月二十四日に供養挙行と決まった時には記入してもいいといえよう。

とはいってもその決定日時は判らない（その日時を敦光に知らせ草案に末尾一行加えるよう連絡することはまずないだろう）。

天治年間は、保安五年（一一二四）四月三日改元ではじまり同三年（一一二六）正月二十一日までの実質二年足らずの短期間であった。

草案あるいは清書願文の京都から平泉送付は同三年正月二十二日以前であったことは確実である。同日以後なら平泉方は何らかの添付書状などから改元のあったことを知ることができたと考えられるからである。従って送付時期を幅狭くとれば二年末～三年年初となろう。もう少しゆとりをみれば二年中であろう。さらに逆算する。平泉から敦光への願文草案作成依頼は、遅くとも中尊寺諸堂塔完成の見通しが立った頃であったろう。金色堂建立が天治元年八月二十日であるから、天治元年早々頃であったろうか。なぜ、依頼時期にこだわったか、それが第二の問題点となる。

実はこの頃、平泉では面倒な事態が発生していたと考えられているからである。清衡は病床にあったという。清衡の遺体調査の結果、清衡は永久五年（一一一七）～元永二年（一一一九）頃から右脳に脳卒中発作があり左半身不随症となり、天治元年八月の金色堂建立供養はもとより、同三年の中尊寺落慶供養に参列は到底望めなかったという「最終報告」がでているのである（詳しくは後述）。清衡のこうした病状が大治三年（一一二八）に没するまで続いたとすると、その間、思考力・判断力・言語発表力等々に変化、減退は生じなかったであろうか。

つまり、清衡の中尊寺建立の意図などが、敦光の方へ十分に伝達されていたか否か、なのである。草案作成を依頼された敦光としても、清衡の建立目的など一切知らずに引き受けるはずはあるまいから、結局は、平泉側から何らかの形で清衡の意のあるところ——たとえば、日頃、寺院建立の意図を側近に漏らしていたなど——を伝えた、代弁した、というところに考えは落着くであろうが、「供養願文」作成に関しての現実は上述したように多々問題があったと思われるので、そのため一項目を割いたわけである。

「冤霊をして浄刹に導かしめん」

さて、「供養願文」は冒頭で「建立供養を奉る鎮護国家の大伽藍一区の事」と記して以下堂塔を列記、そして「以前、善根《ぜんこん》の旨趣《ししゅ》は、偏《ひとえ》に鎮護国家を奉るためなり」を前面に押しだす。同時に「禅定法皇《ぜんじょうほうほう》（白河法皇）」「太上天皇《だいじょう》（鳥羽上皇）」「金輪聖王《こんりんじょうおう》（原文は「主」。「王」が正しい。理想の帝王の意。崇徳天皇）」御三方の長寿を祈っている。

以上が清衡の中尊寺建立の本音であったとしても、もう一つの本心が別にあった（前述したが、願文には清衡の意向が採られているということを前提にしている）。もちろん、それも、

「供養願文」にみえる。「二階鐘楼」に関し、

右、一音の覃《およ》ぶ所は千界を限らず、苦を抜き楽を与えること、普《あまね》く皆平等なり。官軍・夷虜《いりょ》の死せし事、古来幾多なり。毛羽《もうう》・鱗介《りんかい》の屠《と》を受くるもの、過現《かげん》無量なり。精《しょう》魂《こん》は皆他方の界（あの世）に去り、朽骨《きゅうこつ》は猶此土《しど》（この世）の塵《ちり》となる。鐘声の地を動かす毎に、冤霊《えんりょう》をして浄刹《じょうせつ》（浄土）に導かしめん。

とあったが、これが本心の吐露にほかならない。これはなかなか深慮遠謀な言い回しではなかろうか。人間だけではない。毛羽すなわち獣と鳥、鱗介すなわち魚貝類まで、この世に生きているすべてのものは皆死して魂はあの世に去り、朽ちた骨はこの世に残り塵となる。この鐘楼の梵鐘《ぼんしょう》（釣鐘）が鳴り響き大地を動かすごとに冤霊すなわち罪なく恨みを抱いて命を落とした人々の霊が浄土に導かれるように、というのである。

官軍・夷虜に限らず、生きとし生けるものすべてをいい、最後に冤霊云々という。この魂の救済こそが中尊寺建立の真の目的にほかならなかったと思える。清衡が「官軍・夷虜の死せし事、古来幾多なり」といった時、彼の脳裏に浮かぶ合戦は身をもって体験した前九年の役、後三年の役であることはいわずもがなのことである。清衡の歴史認識にもよるが、八～九世紀の坂上田村麻呂を象徴とする征夷（奥羽における「三十八年戦争」ともいわれる）をいわずとも、以上で十分であろう。

前九年の役、後三年の役両役での源頼義・義家父子の凄まじい殺戮ぶりの一端は『陸奥話記』や『奥州後三年記』からもうかがい知ることはできる。だが、『古事談』が語るところはもっと凄まじい。頼義は「壮年ノ時ヨリ、心ニ慙愧《ざんき》ナク、殺生《せっしょう》ヲ以テ業トナス。イワンヤ十二年征戦（前九年の役）ノ間、人ヲ殺ス罪アゲテ計ウベカラズ。因果ノ答エルトコロ地獄ヲ免ルベカラザルノ人ナリ」といわれている。彼が殺した相手は一万八千。その者たちの片耳を切り取り干して皮籠《かわご》（皮で張ったかご）二合（二個）に入れ上京、それを京都「六条坊門北西洞院西」に建立した堂下に埋めたという。それを耳《に》納堂《のうどう》というとある（耳輪堂。ミノワ堂といわれるが、それは僻事《ひがごと》だという）。義家も罪なき多くの人を殺害した廉により無《む》間地《げんじ》獄《ごく》に堕《お》ちたという。もうこれ以上はいうまい。

後三年の役が終り清衡の時代になってからの奥羽は「垂拱寧息三十余年」、平和な時が流れた。今こそ、冤霊を浄土に導くことが是非とも必要だと清衡は切実に思った。死期迫る、を覚えたのか。そして、官軍も夷虜も両者の鎮魂をといえばどこからも文句はでないと清衡は踏んだに違いない。だとしたら、彼の政治的成熟がみられたといってよかろう。

臨終のさま

実は、奥州藤原氏三代の臨終についての記録は清衡の場合、他二代と比べて特異であった。

どう特異かというと、それを告げる史料が三点残っているからである。基衡の場合は「夭《よう》亡《ぼう》」したという記録（文治五年九月二十三日条）以外何も残っておらず、秀衡の場合は一、二点残るほどであったにすぎないのである。平泉に君臨した初代だからがその理由であったろうか。早速、三点の関係史料を述べることにしよう。まず、「注文」は、

入滅《にゅうめつ》（死ぬこと）の年に臨み、俄かに逆善《ぎゃくぜん》を修し、百ヶ日の結願《けちがん》の時に当り、一病も無くして合掌して仏号を唱え、眠るが如くに閉眼し訖《おわ》んぬ。

と大往生を遂げた情景を伝えていた。しかし、前述したように事実は異なり、不自由になった身体を長らく病床に横たえた挙句に死去したのである。なお、「注文」は入滅の年月日について一切伝えるところなしである。

去んぬる十三日、陸奥の住人清平卒去すと云々。七十三

とは『中右記目録』大治三年（一一二八）七月二十九日条の記録である。これは十三日死去説であるが、次の史料により十六日説が正しいと判断できる。

高野山金剛峯寺所蔵「妙法蓮華経巻第八平泉金字経奥書」に、

大治三年戊申八月六日、平氏、藤原清衡尊《そん》の為に、三七日《さんしちび》（二十一日の意）に当たる一日の中に書写し了《おわ》んぬ。

とあった（『奥州平泉文書』）。これは清衡妻平氏某が清衡死去の日から数えて三七日（二十一

日）目に、追善《ついぜん》供養のため写経したということをいっているのである。八月六日が死去当日から数えて二十一日目になるから逆算すると（大治三年七月は大の月）七月十六日が清衡死去の日となる。

『中右記目録』がいかなる経路の伝達方法で清衡死去の報を得たのかは判らない。平泉から摂関家へそれを知らせる急使派遣は考えられようか。とにかく同書が十三日死去と記したのが二十九日、十六日目で知ったことになる。実は十六日が事実だから十三日目にその死去は届いていたことになり、何か混乱が生じたので誤記になったのか。

また、清衡死後一年経つかどうかの頃には、平泉での「清平二子合戦」が京都にも聞こえていた。この兄弟による家督争奪戦は清衡死去とともににわかに生起したわけではなく、すでに彼の晩年に進行していたに違いない。そうなると、都への急使派遣などは考えられないし、ましてこうした〝お家騒動〟のさなかに清衡が死を迎えたのであれば、とても「注文」のいうような眠るがごとき大往生であったとはますますいえなくなる。

「注文」が描いた清衡臨終のさまは、平泉寺院衆徒の、そうあって欲しかった願望がいつしか寺伝となったのであろう。文治五年は清衡没後半世紀以上を経ている。地元で語られる清衡伝説の一端が「注文」に現われたのであろうと思える。

最後に享年のことである。遺体調査結果での推定没年齢は七十歳以上という。『中右記目録』では七十三。「供養願文」には「已に杖郷《じょうきょう》の齢《よわい》を過ぎ、云々」とあった。『礼記《らいき》』によると、「杖家《じょうか》　五十歳」「杖郷　六十歳」「杖国《じょうこく》　七十歳」「杖朝《じょうちょう》　八十歳」という、とある。清衡の年齢が「供養願文」のいう通りなら、天治三年＝大治元年には六十歳以上七十歳未満となり、大治三年七十三歳説によると同元年は七十一歳、「杖国の齢」を過ぎたとしなければならなかったのであるが、どうも、この辺なかなか微妙なところとしかいえない。

3　基衡編

毛越寺建立をめぐって

前述した毛越寺二回建立説については、支持する向きも多くなっているやと聞く。しかし、私は今一つ割り切れない思いで眺めているので、それは脇に置いておくことにする。

毛越寺に関しては「注文」にもっぱら頼ることになるが、それには「毛越寺の事　堂塔四十余宇、禅房五百余宇」と記し、以下、若干の堂塔名を挙げ説明を加える。それらのうちで、以下に取り上げる建物をまず述べておく。

「金堂（円隆寺と号す）」「嘉勝寺《かしょうじ》（未だ功を終らざる以前、基衡入滅し、仍りて秀衡之を造り畢んぬ）」「観自在王院（阿弥陀堂と号す）と小阿弥陀堂（基衡妻〈安倍宗任《むねとう》娘〉建立す）」等である。

さて、中尊寺同様、綜合寺院毛越寺については不明な点が多すぎる。最低限知りたいと思う建立目的、着工時期もそうだし、竣工については辛うじて基衡死去の保元二年以降秀衡時代と伝わるが具体的年代は不明である。とにかく、着工〜竣工は大まかにいって十二世紀中第三・四半期までのことであったろうが、もう少し絞れないだろうか。

「注文」は、金堂に関し「九条関白家（忠通）、御自筆を染めて額を下さる。参議教長《のりなが》卿は堂中の色紙形《しきしがた》を書くなり」と記し、また、教長は小阿弥陀堂の「障子色紙形」にも「筆を染める所」であったとも伝えている。さらに、基衡が金堂本尊を仏師《ぶっし》雲慶《うんけい》に依頼し造らせたその仏像をめぐり鳥羽禅定法皇が絡んできたという出来事をも「注文」は記していた。

以上が事実であったとして考えたい。基衡とすれば、金堂等竣工時には忠通の書いた額や教長の色紙形、雲慶作の仏像等々が平泉に届いていることが最も望ましいことであったに相違ない。

とはいうものの、相手の関白忠通は法性寺《ほっしょうじ》流の開祖といわれる当代随一の書の名手であり、教長も「法性寺殿入木《にゅうぼく》（「じゅぼく」とも。書道の異称）の御指範なり」「能書」「歌人」という人物（『尊卑分脈』）であった。書の依頼は容易なことではなかったろう。忠通へは京都の

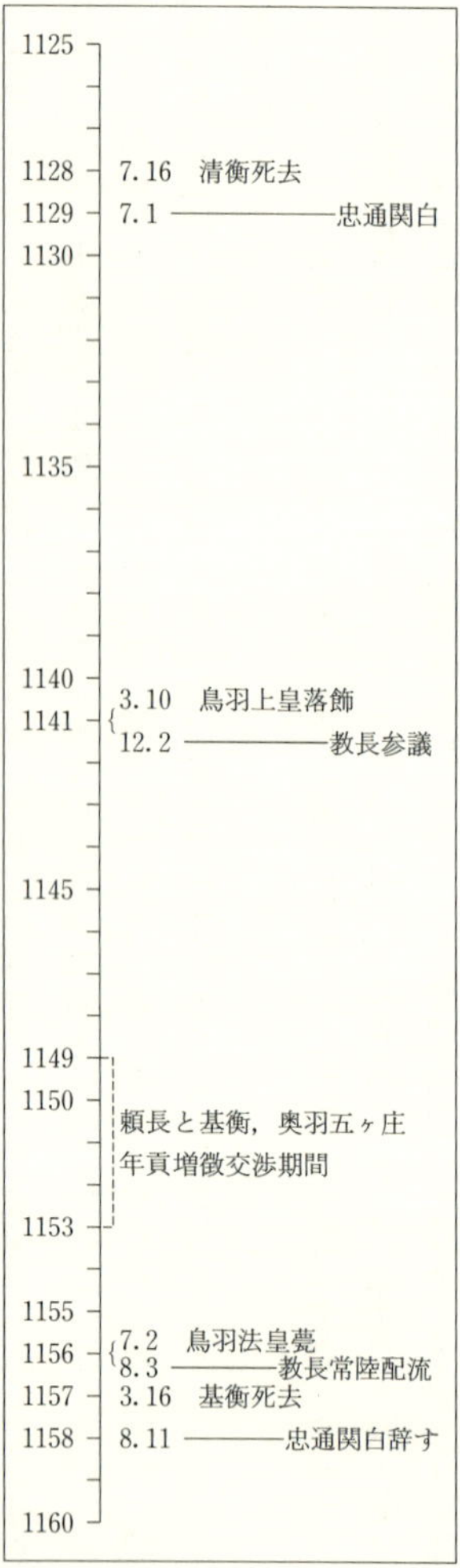

仁和寺《にんなじ》を介してという話が『今鏡』に載っているが、莫大な運動費やら謝金も必要であったろうし、短期間でうまく事が運ばれたかどうかも判明してはいない。

とにかく、額や色紙形に染筆した時期は二人が関白・参議であった期間中、仏像の件は鳥羽上皇が法皇であった時期のこととしよう。そう断じたら、まず、それぞれの時期を確定しなければならない。

以上三名の官職・落飾《らくしょく》（仏門に入ること）などを『公卿補任』で調べた結果と清衡・基衡両名の若干の事項とを表示しておいた。関白忠通・参議教長・鳥羽法皇という条件が揃う時期は永治元年（一一四一）末から保元元年（一一五六）秋頃までの十四年半ほどである。

永治元年は、基衡時代開始からほぼ十年後。毛越寺建立で金堂を真っ先に着工したとしても、すでにみた中尊寺堂塔建立次第からすると、とても一宇二～三年でという短期間で竣工に至るとは考えられず、五年、十年とかかるのではなかろうか。従って、金堂竣工や「三ヶ年にして功を終」えたといわれる雲慶作仏像、あるいは小阿弥陀堂建立等々を永治元年以降すでに進行中と見なしても空論といって退けることもあるまい。そして、嘉勝寺は秀衡時代に入って完成したということを合わせると、毛越寺の全貌は基衡の晩年にやっと顕わになったといえそうである。

今、あらためて手元の私製年表で基衡分を眺めてみる。大治四年（一一二九）「清平二子合戦」以降保延四年（一一三八）清衡十一年忌のための写経（同年五月十六日「妙法蓮華経巻第八平泉金字経奥書」『奥州平泉文書』）までは空白であるが、この頃から年表は賑やか、ということは基衡の身辺は多事多端の様相を帯びてくる。以後、藤原師綱陸奥守下向時の検注をめぐる紛争（康治二年〈一一四三〉以前）、清衡十三年忌写経（保延六年〈一一四〇〉五月四日）、同二十一年忌写経（久安四年〈一一四八〉閏六月十七日、以上前掲文書）、久安五年からはかねてからの奥羽五ヶ庄年貢増徴交渉を頼長とはじめ仁平三年（一一五三）に至り解決。そして、この年表にはもちろん記入できなかったが、この間、毛越寺建立にも忙殺されていたことは確かである。こうみてくると、彼は死に至るまでの二十年間ほど実に精力的に動いた男であったと感心せざるをえない。基衡は「夭亡」したというが、早世ではなく、突然死、今でいえば過労死かなどと疑いたくなる。

さて、金堂の額については後日談がある。

基衡はこの額染筆を仁和寺を介して忠通に依頼したという。忠通は額を書き、これは「おくのえびすもとひらといふが寺」の額と聞いて取り戻そうとして御厩舎人菊方《きくかた》を奥州へ遣わした（『今鏡』）。菊方は「基衡、秘計ヲ廻ラストイエドモ承引セズ。遂ニ責取《せめとり》テ三《みっつ》ニ破テ持《もち》帰参《きさん》」したという（『古事談』）。どこまで本当の話かは判らない。関白は雲慶作仏像の件では基衡の肩を持ち（詳しくは次項）、額のことでは意地悪な仕打ちをする。公卿の気紛れなのか、それとも、忠通は「所々ノ額ヲ書カシメ給ウ」（同上）と筆耕料稼ぎに励んでいた様子なので基衡に謝金をもっと寄こせと嫌がらせをしたのか。

最後になったが、毛越寺建立の目的、動機などは全く伝わるところもなく不明である。

毛越寺建立は中尊寺建立目的を引き継ぐためであったといえるであろうか。中尊寺建立が清衡の前半生での体験から切実に冤霊鎮魂を願っての結果であったとみると、基衡にはその種の体験はないに等しい。兄弟間での血みどろの闘争を経たとしても、それは清衡が負ったであろう精神的後遺症に比べるべくもない。基衡は清衡の年忌写経をこまめに行い亡父を偲びながらも一方で「霊場の荘厳は、吾朝無双なり」（嘉禄二年〈一二二六〉十一月八日条）と謳われた毛越寺、つまり、現世での究極の浄土再現を果たすことに熱中したのではないだろうか。あたかも、かつての戦乱で罪なく落命した人々の霊魂の救済は中尊寺に任せたというように思えるのである。私は、基衡の現実主義的態度をみたような気がしてならない。

仏師「雲慶」との駆け引き

これも「注文」にみえる、毛越寺金堂本尊造立をめぐる話で、毛越寺が話題になると、基衡と仏師雲慶との仏像注文の仕方から工程途中での贈物攻勢、完成後の仏像洛外持ち出し禁止とその解除までの基衡の苦悩、等々が必ず語られる。そういう意味において人口に膾炙している話なのである。ならば今更、私が物語るまでもあるまいとも思ったが、実はそれゆえに無視するわけにいかないと思い直し語ることにした。

「注文」の「毛越寺の事」本文冒頭に、

基衡之を建立す。先ず金堂は円隆寺と号す。金銀を鏤《ちりば》め、紫檀《したん》・赤木《あかぎ》等を継ぎ、万宝を尽し衆色を交える。本仏は薬師丈六、同じく十二神将を安んず。雲慶之を作る。仏菩薩像に玉を以て眼を入れる事、此の時が始めての例なり。

と記されており、すでに雲慶の名がみえる。

まず、雲慶なる仏師の存否確認からとなる。とにかく「うんけい」というと、人は東大寺

円金百両
（直径二・六メートル）七間々中径ノ水豹皮《あざらしのかわ》六十余枚
希婦《けふ》細布（奥州産、幅狭い布）二千端
白布三千端
鷲羽百尻《しり》
安達《あだち》（福島県）絹千疋
糠部《ぬかのぶ》（東北北端）駿馬五十疋
信夫《しのぶ》（福島県）毛地摺《もじずり》千端

南大門の金剛力士像を造ったあの「運慶」を思いだすであろう。『日本美術史年表』（源豊宗編）を繰《く》ると、「運慶」初出は安元二年（一一七六）で、快慶《かいけい》と合作といわれる金剛力士像は建仁《けんにん》三年（一二〇三）造立、そして貞応《じょうおう》二年（一二二三）十二月没とある。享年不明であるが、「運慶」の活動時期は平泉でいえば秀衡時代に入ってからであったろうと推測せねばなるまい。仮に永治《えいじ》元年（一一四一）生まれとしても没年齢は八十三歳、享年百歳以上なら雲慶と同一人物の可能性もあろうが無理である。

仏師探しは止め本論に入る。基衡は仏像造立の「支度《したく》」、費用はいかほどかと尋ね、上・中・下の三種あり、との答えをえた。基衡は、なぜか、中品で、と指定する。

話はこれからどんどん膨らんでいく。「功物（費用）を仏師に運ぶ」ことになる。それらすべてを書きだし表示しておいた。すべて奥羽等の特産品であるが、「此の外に、山海の珍物を副え」たという。そして、「三ヶ年、功を終るの程、上下《のぼりくだり》に向う夫課《ふか》の駄《だ》（贈物の荷）、山道《さんどう》、海道《かいどう》の間、片時も絶ゆること無し」であったともいう。この山道とは白河関を通り東《とう》山道《さんどう》を通って京都へ達する道であったろうし、海道とは、この場合平泉から北上川を下り今の石巻《いしのまき》辺で太平洋へでて、伊勢湾の津《つ》辺で荷揚げか、という行程であったかもしれない。話はまだ終らない。基衡は「別禄」と称して「生美絹《すずしのきぬ》」（生絹《すずし》、練らぬ生糸の織物）を「船三艘」分も送った。「仏師、抃躍《べんやく》（手を打っておどりあがる）の余り、戯論《げろん》（冗談）して云う。喜悦《きえつ》極まりなしといえども、猶練絹《ねりぎぬ》（精錬して柔らかさと光沢とをもった絹）こそ大切なり」と口走ったという。「使者、奔《はし》り帰り此の由を語るに、基衡悔やみ驚き、亦練絹を三艘に積み遣わし訖んぬ」と雲慶のたたいた冗談口に応じたというのである。

ここまで聞くと、基衡については何も知らないただの田舎大尽の振る舞いという印象が強く残るが、それとも、したたかな計算ずくの行動であったのであろうか。

基衡にこうまでされると雲慶としては、とても「中品」で済ますことはできなくなるであろう。ますます必死にならざるをえない。これが基衡の狙いといったら穿《うが》ちすぎになるか。だが、三年の間も、平泉から雲慶の元へ莫大な多種類の品々が時を置かず運び込まれたことが京都中の評判にならないことはない。

こうした噂はついに、鳥羽禅定法皇の御耳にも達し、でき上がった仏像を拝した法皇は一驚、「更に比類無し。仍りて洛外に出すべからず」と仰せられた。「注文」がいう「玉《ぎょく》を以て入眼の事、此の時が始例」の通り、従来の仏像にはなかった新しい技法もありさぞかし逸品であったのであろう。

法皇のこの仏像奥州下り禁令情報は平泉へ届く。基衡はどうしたか、「注文」はいう。

之を聞いて心神度《ど》を失い、持仏堂に閉じ籠り、七ヶ日夜水漿《すいしょう》（飲み物）を断ち祈請《きせい》す。子細を九条関白に愁《うれ》い申すの間、殿下、天気《てんき》（法皇の機嫌）を伺わしめ給う。勅許を蒙り、遂に之を安置し奉る。

といった経緯があって、雲慶作仏像は無事に毛越寺に迎えられ安置されたという。先に、関白忠通は仏像の件では基衡の肩を持ったといったのは右に述べたことに拠ったからである。それもこれも金銭ずくといったら、昨今の世相を意識しすぎのせいであろうか。

「注文」が伝える中尊寺と毛越寺との寺塔・禅坊（房）の合計数は八十余宇、八百余宇となる。こうした堂塔に多数の仏像が安置されていた。これら堂塔・仏像などが成るには、多数の各種職人の働きがあったことは今更いうまでもあるまい。だが、彼らのほとんどは名を残すことなく歴史の彼方へ消えていった。雲慶、その名の仏師が存在したか否かはもう問うまい。彼を代表として、平泉文化を黙々として支えた仏師・職人諸氏に敬意を表しこの項を終りとしたい。

4　秀衡編

無量光院の諸問題

三代目秀衡時代は保元二年（一一五七）春の終りからはじまる。三代目秀衡の仕事はなお未完成の嘉勝寺営造を急ぐことであった。その竣工がいつであったか、また、秀衡といえば無量光院建立であるが、その着工・竣工等は一切不明である。

手元の年表をみると、嘉応元年（一一六九）まで秀衡時代は空白であった。この年（仁安《にんあん》四年四月八日改元）の四月二十三日に秀衡とみられるもの（「檀主秀□」とある）が、中尊寺に石造五輪塔を納めたというのである（同塔銘。『奥州藤原史料』）。奉納理由は不明である。清衡の生誕若干年祭とか没後若干年記念などとは特に関係はなさそうだし、そうなると、嘉勝寺竣工、無量光院着工などと関わるのであろうか。

ところで「注文」は「関山中尊寺の事」（以下、㈠とする）、「毛越寺の事」㈡、そして「無量光院新御堂と号すの事」㈢を記す。もちろんこれは建立年代順に配したのであるが、以上の各記述を比べると、㈠・㈡と㈢では著しく差があることに気付くはずである。いかなる差かというと、説明文の長さ、字数（漢字）である。㈠は二百九十一字、㈡は五百四十八字、などであったが㈢はわずかに五十四字でしかない（原文は漢文）。

秀衡之を建立す。其の堂内四壁の扉に、観経《かんぎょう》の大意を図絵す。しかのみならず、秀衡自ら狩猟の体《てい》を図絵す。本仏は阿弥陀丈六なり。三重の宝塔、院内の荘厳、悉く以て宇治平等院を模する所なり。

が全文であった。説明文字数に大差が生じた理由は㈠・㈡共に寺（堂）塔四十余宇、禅坊（房）は三百余宇、五百余宇などと大規模であったが、無量光院にはその種の記載がないので短文なのであった。

なお、違いを指摘できる。㈢には㈠の「皆金色」、㈡の「金銀を鏤め」といったきらびやかさを誇示するがごとき表現は全くない。

現在金色堂内の印象を「注文」㈠・㈡の記述に重ね合わせると、豪華絢爛という熟語以外を使えなくなるが、㈢からは華やかさなどは全く伝わらず、文末の平等院を模したというくだりで察しろといわんばかりである。

「注文」は秀衡死去から二年後に書かれていた。無量光院はとっくに完成していたであろう。それなのに、平泉寺院衆徒は、なぜ、無量光院についてはかくも素っ気ない説明ともいえない説明で済ませたのであろうか。事実、それくらいしか書くことがなかったのかもしれないと思えるし、さらに、無量光院は中尊寺・毛越寺等と比べるとその歴史は浅いので関係者の発言力も弱かったことによるのであったろうか。

念のため平等院の華麗さに触れておこう。天喜元年（一〇五三、永承八年正月十一日改元）三月四日、平等院鳳凰堂《ほうおうどう》供養、「仏像の荘厳、古今双《なら》び無し」（『扶桑略記《ふそうりゃっき》』同条）、康平四年（一〇六一）十月二十五日、平等院で塔供養、「爰《ここ》に弥陀如来の像を造り、極楽世界の儀を移す」とあった（同上）。

右からでは極楽の華麗さがさほど伝わらないなら『山州名跡志《さんしゅうめいせきし》』「仏殿」から平等院鳳凰堂について「諸ノ荘厳美麗ニシテ、天蓋《てんがい》、仏壇等ニ、車渠《しゃこ》・馬脳《めのう》ノ珠玉ヲ以テ飾ル。鏤ム所ノ箔光（金箔）ノ色、世ニ希有《けう》ニシテ、此ノ如シ蓋《けだ》シ亦絶倫ナリ」と記せば納得がいくであろう。平泉の無量光院もそうであったと思っても間違いあるまい。

次の問題に移る。秀衡が「無量光院の四壁の扉に観経（観無量寿経《かんむりょうじゅきょう》）の大意を図絵」したこと、さらに「自ら狩猟の体を図絵」したこと、などをいかに理解するか、である。

秀衡は狩猟経験は幾度《いくたび》もあったであろうが、今に残る史料による限りでいえば、合戦での人々殺生体験はなかったといえる。秀衡時代は慈円がいった「武者ノ世」と重なる。秀衡も「武者」でなければならない。然り、十七万騎の主たる武将であった。しかしその武力は秀衡生存中、ついに発動することはなかったし、泰衡が頼朝に攻撃された時、いわば防衛戦に出動したがあえなくも敗れ去った。

その秀衡が『観経』の説く「狩猟図」を自ら画いたのは、同経の「下品《げぼん》往生の被救済者としての自己を表現」したという説がある（衆生が生前の善根により往生しうる「九品往生」〈上・中・下がまた三段階に分かれる〉があり、その下品に当たるものでも命終了時に称名すれば往生可能という）。この狩猟図の存在は秀衡の出自――殺生を業とする武者――と密接な関係があり、いうならば殺生と救済の問題の顕在化であるともいう。つまりは、悪人往生思想の発生・深化という時代背景による思想的影響が濃厚と考えられるともいわれる（菅野成寛氏前掲論文）。

右でみたような秀衡に与えられたこの時代特有の思想的・宗教的影響は、彼の政治姿勢をも左右したであろうか。というのは、秀衡は源平合戦期に中立、源平に対しほぼ等距離を保っていたといえる。これは単なる政治的思惑によるのではなく、合戦に踏み切れば相手が源平いずれであれ結果は勝負は別として「彼我の死せしもの幾多なり」となること必定で、それは無益の殺生となるからそれだけは回避したいという決意からきていたのか否か、である。もしそうだとすると、祖父清衡の悲願（いうまでもなく、古来死せし官軍・夷虜の冤霊を浄土に導くこと）が秀衡の心にいっそう深化して存在するようになっていたといえるかもしれない。

源義経が平泉へやってきた

秀衡時代のほぼ前半は、無風、平穏無事のごとくにみえた。その平泉に風を巻き起こすかのように嘉応二年（一一七〇）五月二十五日に秀衡は鎮守府将軍に任ぜられ同時に従五位下に叙せられた（『兵範記』）。このことを「乱世の基」と非難、慨嘆した貴族もいたが（『玉葉』二十七日条）、そうした感情を秀衡に向けるのは――秀衡を「奥州夷狄秀平」と記すのだから、そうとしか解釈せざるをえない――全く筋違いである。

しかし、秀衡の身辺には何事も起きない。これ以後が秀衡時代の後半になるが、私の年表も俄然、混み合ってくる。その原因の一端は、源義経が平泉へ飛び込んできて秀衡の下に身を寄せたからである。

義経が平泉で一生を大人しく暮らしたとするならば、平泉の歴史は別な展開をもったであろうが、そうではなかった。周知の通り、彼は数年後に奥州を出て兄頼朝の下に走り、やがて再度平泉へ戻りついに非業の死を遂げ、三十一年という短い生涯を終えた。後々、義経を薄命な武将・英雄として愛惜し同情する「判官贔屓《ほうがんびいき》」という言葉、考え方が生まれるが、当時の奥州藤原氏が知れば、とんでもない話だ、と怒る者もいたに違いない。奥州藤原氏滅亡の一因は義経にあったことは否めないからである。

さて、義経の奥州下りの理由、時期、平泉での生活、等々については不明だらけである。

その原因は、史料不足の一言に尽きる。せいぜい、『尊卑分脈』（清和源氏）に載る略伝（以下「略伝」と記す）、源平合戦以降は『吾妻鏡』、その他では『平治物語（古活字本）』（「牛若奥州下りの事」）、『義経記《ぎけいき》』などの鎌倉時代初期から室町時代初期にかけて成立した軍記物語が存在する。ただそれらは詳細に物語を展開するが、所詮、後世の人の手になったもので信憑性の点では大いに問題があろう。以下、話の接ぎ穂として止むをえず使用することもあるが、そのまま信用して差支えないか否か早急に決めかねる話もあるとあらかじめ断っておく。また、義経は童名を牛若（丸）とか遮那《しゃな》王《おう》（丸）などと呼ばれたが、以下では義経とした（頼朝との関係が悪化すると、別名で呼ばれる。後述する）。

　義経の最初の奥州下りと平泉での滞在について、「略伝」は、

> 鞍馬寺《くらまでら》に於て、東国旅人の諸陵助《しょりょうのすけ》重頼《しげより》と相語り約諾《やくだく》せしめ、承安四年（一一七四）三月三日の暁天《ぎょうてん》（夜明け）時に十六歳、ひそかに鞍馬山を出で立ちて東国へ赴き奥州に下着《かちゃく》し、秀衡館に寄宿し五〜六ヶ年を送り畢《おわ》んぬ。

と伝えていた。見ての通り、時間の経過については杜撰《ずさん》である。この点、後述する。

　義経はなぜ、平泉を目指したのであろう。それはこういうことであったかもしれない。鞍馬寺出奔が平家の知るところとなったら、追跡・追討などの指令が全国に流されるかもしれない。そうなったら、日本中で身の安全は奥州へ逃げ込むことしかないのではないか、とな

ったからではなかろうか。これがおそらく、東国旅人諸陵助と義経とが「相語」った結論であり、「約諾」とは諸陵助がとりあえず同行すると決まったことをいっていると思われる。

諸陵助なる人物は、『平治物語（古活字本）』に「下総国の者にて候。深栖《ふかす》の三郎光重が子、陵助重頼と申して、源氏にて候」とみえている。ところが『尊卑分脈』では左に示した表のごとくで、諸陵頭頼重となっているのである。

このように、彼の名は出典によって異なるし、助か頭《かみ》かも同様である。以下では重頼と統一する。要するに源氏であることが知られたわけである。

しかし「東国旅人の諸陵助重頼」とは、何を意味するのであろうか。本来、陵墓関係担当の治部《じぶ》省諸陵司が天平《てんぴょう》元年（七二九）八月五日に寮に昇格し（『続日本紀』）、その次官が助であるが、これは重頼によって名目だけのものであったとみてよい。『尊卑分脈』に「皇后宮《こうごうぐう》侍長《さむらいのおさ》」とあった点に注目したい。多分、事実であったろう。毎年、下総国から一定期間上京し皇后宮警備その他を勤仕《ごんし》したので、「東国旅人」と呼ばれた根拠はこちらの方にこそあると考えた方がいいかもしれない。

満仲―頼光―頼国―頼綱―仲政―光重（深栖三郎）―頼重（堀三郎〈光重三男〉　諸陵頭　皇后宮侍長）

重頼が東国（下総国）～京都間を度重ねて往復していれば天下の形勢についての見聞・認識などもとより義経の及ぶと

ころではない。といって、義経が無事に平泉にたどり着けたとしても秀衡がどう遇するか、扱うか、そうした見通しにまで確信をもっていたかとなると何ともいえない。

義経奥州下りとなると、金売《かねう》り吉次《きちじ》と一緒だったという話になるが、『平治物語（同上）』に「奥州の金商人《こがねあきんど》吉次」として登場する。二人の出会いはやはり鞍馬で、義経の方から吉次に奥州下りを頼み込み「ゆゝしき人をしりたれば、其悦《そのよろこび》には、金を乞《こい》て得させんずる」ともちかける。しかし後日、秀衡と面会した折、義経は「金商人をすかして、めし具して下り侍り。何にてもたびたく《〔賜い度く〕》候」と吉次に虚言を吐いたことを認め、秀衡は吉次に金三十両を与えたとある。話は先走ったが、鞍馬脱出については吉次は同行の人の都合もあるからといい、ここに重頼が登場、義経と互いの出自を明かし、重頼が下総まで、以北は吉次が供をすると決まり、承安四年三月三日の暁に鞍馬を発った。

その後の足どりには曖昧な点が多い。「こゝに一年ばかりしのびておはしけるが」という一文が挿入されているが、その「こゝ」の特定が難しい。あるいはこれは、義経の元暦二年（一一八五、八月十四日文治改元）八月日に大江広元《おおえのひろもと》（公文所別当）に宛てたいわゆる「腰越《こしごえ》状《じょう》」にいう「諸国に流行せしめ、身を在々所々に隠し、辺土遠国を栖《すみか》と為して、土民百姓に服仕せらる」の時期であったかもしれない（文治元年五月二十四日条）。

結局、平泉到着の月日の記載はないが途中で「一年ばかりしのび」いたことを考慮すれば、平泉入りは翌承安五年夏頃となろうか（承安五年七月二十八日安元改元）。

『義経記』はまた違った物語を仕立てる。参考までに紹介しておく。京都三条の大福長者で毎年奥州へ下る金商人に吉次信高《のぶたか》なるものがあり、鞍馬参詣の折に義経の出自を知り、端的にいうと、この源氏の血を引く子を秀衡のもとへ連れていけば金になると踏み、口を極めて奥州藤原氏の宣伝に努め義経の気を引き、承安四年二月二日鞍馬を出た。途中は次の一事以外は省略しよう。尾張《おわり》国熱田《あつた》宮《ぐう》（名古屋市）で義経は元服する（「遮那王殿元服の事」）。その理由として秀衡に会い名を問われて遮那王では一人前の男とはいえないし、「秀衡はわれ〳〵が為には相伝の者なり。他の謗《そしり》もあるぞかし」と奥州藤原氏を源氏代々の家臣扱いにしている。ただし、このことを当時の義経が意識していたとは思えない。物語作者の歴史の後知恵によるのであろう。「義経、秀衡にはじめて対面の事」の末尾近くに「かくて今年も暮れければ、御年十七にぞなり給ふ」とあった。これに従えば、義経は承安四年末には平泉に入ったことになるが。

先に示した「略伝」には、義経の平泉到着年月日の記述はなく、かつ、彼の第一次平泉滞在期間についても五～六年として歯切れがよくない。これは要するに、上記事項についての明白な所伝欠如を物語っているといえよう。

源頼朝の挙兵は治承四年（一一八〇）八月十七日、そして義経は同年十月二十一日に黄瀬河で兄頼朝と対面していた。義経の平泉出立《しゅったつ》時期も明らかではないが、同年八月十七日以降十月二十一日までの間であったことは確かである。

こうした事情から義経の第一次平泉入りおよびその滞在期間などが推量され、(イ)滞在期間は五〜六年、したがって、(ロ)平泉入りは治承四年か五年・安元元年か、と考えられるに至ったのであろう。「略伝」は(ロ)は避け(イ)のみを採ったに違いない。私はいちおう安元元年を是としたい。

とにかく、ここまで考え考え書いてはきたが、肝心の義経が平泉入りを望んだ動機、旅程、到着までの期間、等々は一向に明白にならない。その最大の理由はいうまでもない。ならば、次善の策を探してみよう。

それは突然、義経に飛び込まれた平泉の、秀衡の反応いかん、を探ることである。歓迎されたか、冷遇であったか、これで一応、義経の期待や目論見(不詳ながら)等が達成できたか否かが知られるのではないか、と考えてみた。

まず『平治物語(同上)』から、秀衡の義経と並み居る家臣たちに向かっての発言を引用する。

もてなしかしづき奉らば、平家にきこえてせめあるべし。出し奉らば、弓矢のながき疵《きず》なるべし。おしみまいらせば、天下の乱なるべし。両国の間には、国司・目代《もくだい》の外みな秀衡が進退なり。しばらくしのびておはしませ。みめよき冠者殿なれば、姫もたらむ者は、むこにも取奉り、子なからん人は、子にもしまいらすべし。

といったという。

この記事を事細かに解説する必要はあるまい。とはいえ、その信憑性は、と問うと、どうも話がうまくできすぎているのではないかという気がしきりにする。作者の手元に、秀衡・義経対面時に交わされた会話の確実な史料が存在していたとは考えられないからである。結局は、歴史の後知恵で秀衡の心中はかくあったであろうと忖度しての記述であったとみる。

特に㈠世は平家全盛時代であるから、源氏の血を引く義経を大事にすれば平家が黙ってはいまい。㈡追い返せば世の笑い物となり武門の恥になるだろう。㈢愛《いつく》しんで養育すると、後々、天下の乱の因になるかもしれない。以上のような発言は歴史を知っている者なら容易に考えつくところである。結論としては、奥州は私の天下だから平泉にいる限り安全だよと太っ腹なところをみせながらも、義経に対ししばらくはじっと我慢しているように言い聞かせる辺にも、義経の将来をすでに見通したような発言ととれるであろう。だから義経は美男であるから（そうでないという説もある）家臣に対し、婿にとっても養子にするもよし、つまりは義経に平泉で静かな一生を終えて欲しいと願ったのである。義経は奥州藤原氏にとって「賓客《ひんきゃく》」ではなかった。あえていえば「居候《いそうろう》」であった。

一方、『義経記』は、熱烈歓迎一色であり、その内容をここに書く気にはならないしその必要もあるまい。すべて作り話であるといってよい。

義経は以後、五〜六年は平泉に滞在していたというが、その間の彼の動静は全く伝わってはいない。私の年表には安元二年（一一七六）三月十六日、亡父基衡二十年忌に当たり秀衡が写経した（「妙法蓮華経巻第八金字経奥書」『奥州平泉文書』）ことが記されているのみである。源平合戦開始以前の数年間、平泉には何事も起こらず過ぎていったかのごとくであった。

また、義経が戻ってきた

治承四年（一一八〇）、源平合戦がはじまるや、義経は秀衡の制止を振り切って兄頼朝の下へ馳せ参じた。合戦は元暦二年（一一八五、八月十四日文治改元）に平家滅亡・源氏勝利で終るが、その間の奥州藤原氏に関しての政情の推移についてはすでに大略述べたので繰り返さない。

合戦終了後、義経と頼朝との関係は急速に悪化し、ついに義経は頼朝の反逆者と位置付けられる。そして、秀衡もこの険悪な状況に巻き込まれていく。そこで『吾妻鏡』に依拠することになるが、同書は文治元年八月以降、義経について幾通りかの呼称を使うようになるのであらかじめその辺の事情を略述しておく。

義経は八月十六日の小除目《こじもく》（臨時の除目）で伊予守《いよ》（愛媛県。原文は「伊与守」。以下、「伊予守」で統一）に任官した。頼朝は別人を充てる予定でいたが、勅定ゆえで渋々認めた（八月二十九日条）。これより、義経を予州《よしゅう》と記す（呼ぶ）ことにもなる。ところが、十一月七日、「今日、義経、見任《げんにん》（見は現）伊予守、検非違使と云々。を解却《げきやく》（解任）せらる」とある。

文治二年閏七月十日、義経は「（後京極《ごきょうごく》）殿三位中将殿《どのさんみちゅうじょうどの》」――摂政藤原兼実二男、良経《よしつね》のこと――と同名（義・良。異字であるが同訓のゆえにである）のゆえを以て義行《よしゆき》と改名したという。これは義経本人の自発的改名と思えるが、次は本人とは無関係に事が運ばれたとしか考えられない。十一月五日に、

又（中宮）大夫属《たいふさかん》入道（三善康信《みよしやすのぶ》。従五位下で、八位相当の属に任ぜられたのでかくいう）申して云う。義行は其の訓能行《よみよくいく》なり。能く隠るるの儀なり。故に今に之を獲《と》らざるか。此の如き事、尤も字訓《じくん》を思うべし。同音を憚るべしと云々。之に依って猶義経【ママ】（顕《あき》）たるべきの由、摂政家に申さると云々。

とあった。文末にやや混乱がみられるが、十一月二十九日に「義行義顕と改む」とあり、以後、義《よし》顕《あき》、予州が多用されるようになる。

以上は、『吾妻鏡』の世界にみられる呼称であった。同書引用の際はそのまま使い一々注記はしないことにした。

さて、話は義経の再度の平泉入りを確認することからはじめる。ここで「略伝」を使う。文治元年十一月二日「西海へ赴く処、難風に遭いて云々」とあり（年月日を欠く『尊卑分脈』写本もある由）、以後、所々方々を転々とするがこれは略す。

　其の後、北国を経て、先年文治二夏の比、旧好を慕い、重ねて奥州秀衡館に下着し、三～四ヶ年を送る。

と伝えている。平泉到着を文治二年の夏（四月～六月）の頃というが、鎌倉の方では、その時期、まだ義経（予州・義行・義顕）を追い回していた。「略伝」は義経の第二次平泉滞在期間を三～四年と大雑把に記す。義経は文治元年（一一八五）十一月二日西海へ赴かんとし、六日に大物浜《だいもつはま》（兵庫県尼崎市）から出帆したが疾風《しっぷう》に遭い一行は散り散りになったという（『吾妻鏡』）。この時期は動かぬ事実とみてよい。

そして北国を経て平泉に入ったという。それが「略伝」の注文にいう文治二年夏頃であった可能性は大きいと考えうる。となると、以後、義経自害の同五年閏四月末までほぼ満三年。どう考えても平泉滞在四年にはならないはずである。もし、義経の平泉入りがもっと後にずれ込むと――二年末～三年初――滞在期間は二年半ほどに短縮される。したがって幅広くとっても二～三年とした方がより妥当であったと思うのであるが、「略伝」に三～四年とある理由は判然としない。

鎌倉がやっと義経の平泉入り情報をえたのは明けて文治三年二月十日のことのようで「前伊予守義顕、……奥州に赴く。是れ陸奥守秀衡入道の権勢を恃《たの》むに依りてなり」とあった。

義経とすれば、今度は頼朝の手の及ばないところに身を潜めなければならない羽目に陥った。そうなると、かつての誼《よしみ》を当てにして平泉・秀衡のところにしか身の置き所はないと考えるのは当然であり、平泉へ行けば必ずや庇護が受けられるであろうと一縷の望みを託し必死の思いでたどり着いたのであろう。

平泉側でも義経が再度、平泉へ来るのではあるまいかとの予測をもったかもしれない。その時、いかに対応しようとしたか、である。特に、秀衡の息子たち（『尊卑分脈』では六人いることになっている）の反応が気になるが、後述する。

源平合戦後、頼朝の政治力は日増しに強固になっていくから、たとえ、義経問題がなくとも、頼朝は源氏相伝の白河以北に対する宿意・宿願、奥州での覇権確立の挙にいずれは出ようとするかもしれない。平泉はこうしたことをも予想したであろうか。平泉は全く難しい局面を迎えつつあったのである。源氏の宿意という歴史的難題と義経問題という現実的難題を背負わねばならなくなったからである。

『平治物語』を模していうならば、義経を「出し奉らば、弓矢のながき疵なるべし」であるし「もてなしかしづき奉らば源氏の責めあるべし」で、もはや「しばらくしのびおはしませ」どころではなくなった。「秀衡の進退これ谷《きわ》まれり」とでも書く破目に陥ったとなろうか。しかし何であれ、秀衡は義経を庇護せざるをえなかったことになる。

義経、平泉へ入り秀衡が匿《かくま》う、それを察知した頼朝、鎌倉方はどう対応したか。

すでに、文治元年十一月十一日に「義経等反逆の事、申請に任せて（追討の宣旨）宣下せられ畢んぬ」の由で、畿内近国国司に「其の身（義経）を召進せしむべし」との院宣が下されていた。同月二十五日には頼朝に義経らの「身を捉え搦《から》めしむべし」との宣旨が発され、翌文治二年二月三十日付宣旨で再度畿内近国国司に義経ら逮捕の宣旨が下され、その旨が三月十四日に鎌倉に到着したという。

以上から、義経逮捕の大義名分は鎌倉方にあることが明白であるから、当然、秀衡に義経の身柄引き渡しの要請はできる。ただし、今のところ、できることはそこまでである。

ここでいささか歴史を先取りしていうが、文治三年二月十日から秀衡死去の十月二十九日までの八ヶ月半ほどの間に、『吾妻鏡』は平泉関係の記事を三月五日、九月四日と二回載せるにすぎなかった。

三月五日には「予州義顕、陸奥国に在る事、秀衡入道の結構たるの由、諸人の申す状符合するの間、厳密に召し尋ねらるべきの旨」を京都へ申し上げた、というのである。これは、鎌倉方が平泉へ派遣した使者たち――あるいは商人や僧侶などに身をやつした密偵もか――

からの報告に基づいた結果ではなかったかと思われる。「秀衡入道の結構」とは、何らかの計画、用意等といった意ではなかろうか。そう考えることが正しければ、それはいかなる計画、用意であったろうか。

その答えになりそうなことが、九月四日の記事に現われているようである。

「秀衡入道、前伊予守を扶持し、反逆を発《おこ》すの由」と頼朝が訴えたので、先頃、「(院)庁の御下文」を陸奥国(秀衡宛)へ下した。その時、鎌倉からも雑色《ぞうしき》が同行し、今日帰参した。下文に対して秀衡は「異心《いしん》(謀叛する心)無きの由を謝し申す」と応答したが、雑色のみた平泉の様子については「既に用意の事有るかと云々」であったという。それは、合戦準備が進んでいる様子であった以外には考えられないから、件の雑色を上京させ「奥州の形勢」を報告させることにしたい、というのである。

秀衡は、合戦はもはや避けられないと判断したのであろうか。次項で再び考えよう。

このように、いたずらに時は過ぎていく。そして、秀衡は死を迎える。それを機に、平泉は破局への急坂を転がり落ちていくのである。

今わの際の秀衡遺言を解く

奥州藤原氏三代目秀衡死去も我々は平泉発の情報として聞くことが叶わず、遠くはなれた鎌倉（『吾妻鏡』）、京都（『玉葉』）発の情報で知る。

　両書共、文治三年（一一八七）十月二十九日死去と伝えるが、享年記載はない（『尊卑分脈』は「文治四年十二月二十二日死」と伝える。没年齢は諸説あるが、遺体調査の結果からは五十～六十歳、あるいは五十五～六十歳と見なされている）。『吾妻鏡』は秀衡は「日来、重病、恃《たのみ》少なきに依り」と元気なく病床にあったようにいう（この点、第五章で再度言及する）。そして結局は平泉館で卒去したとする。すでに「伊予守義顕を大将軍と為して国務せしむべきの由、男泰衡以下に遺言せしむと云々」と記している。

　一方、『玉葉』は文治四年正月九日条で京都に聞こえてきたいくつかの平泉情報を記録していた。

　まず、「或る人云う。去年（文治三年）九～十月の比《ころ》、義顕奥州に在り。秀衡隠し之を置く。即ち十月二十九日秀衡死去の刻《とき》、兄弟和融のため、兄は他腹の嫡男なり（国衡）、弟は当腹の太郎と云々（泰衡）、他腹の嫡男を以て当時の妻（秀衡妻、藤原基成娘、泰衡母）を娶らしむと云々。各々異心有るべからずの由、祭文《さいもん》（起請文）を書かしめ了んぬ」とある。

　次いで「又」として「義顕にも同じく祭文を書かしむ。義顕を以て主君と為し、両人（国衡と泰衡）給仕《きゅうじ》（側近く仕える）すべきの由遺言あり。仍《すなわ》ち三人一味して、頼朝を襲うべしとの籌策《ちゅうさく》（はかりごと）を廻らすと云々」と記す。

両書が伝える秀衡の遺言での共通点は、秀衡子息たちの兄弟融和が大前提になっていることである。そしてどうする、という明日に向けての方策の指示については微妙に異なるように思われる。両書の記事はもちろん伝聞に基づいていたに相違ない。仮にその情報発信源が同一であったとしても、一方は鎌倉に他方は京都にたどり着くまでに脚色されたであろうことは否定できまい。違いがあるのはその結果であろう。両書のどちらが伝えるところがより事実に近いか不明のまま、しばらく両書を併用しよう。両書の伝える秀衡遺言をあえて図示してみた。

『吾妻鏡』には義経に国務をさせよ、とあり、一見、義経を奥州藤原氏の四代目に推挙すると見なしたくなるであろうが、その前提に、大将軍としてという条件がついていた点を見過ごすわけにはいかない。これは、平泉としての臨戦態勢を整えよ、といっていると理解したい。

『吾妻鏡』
義経＝大将軍＝国務
『玉葉』
義経＝主君←給仕{国衡・泰衡}三人一味で頼朝襲撃

秀衡は、自ら亡き後の政治状況を、おそらく以下のように予想したに違いない。遠からず頼朝は何かと口実を構えて奥州藤原氏追討、つまり、平泉に来襲するであろうと。そのため、防御一点張りではない邀撃《ようげき》態勢の確立を主眼とした布陣を考えたのであろう。『玉葉』のいう平泉側からの頼朝襲撃は、京都に、九条兼実の下へ、その種の情報が届いた結果を記述したに相違なく、必ずしも秀衡の本意を伝えているとは限らない、といえよう。『吾妻鏡』の大将軍と異なるが、義経を頂点に据える点に変わりはない。

『玉葉』では、秀衡は義経を主君となし国衡・泰衡兄弟を補佐役にするとした。

実は、兄弟二人補佐役、結果としての三人一味体制というか、ここに問題点があった。

こういうことがよくいわれる。簡単にいえば、長男国衡は有能にして勇者だが、次男泰衡はそれに及ばない、と。たとえば『愚管抄』に「ヒデヒラガ子ニ母太郎父太郎トテ子二人有ケリ。ヤスヒラハ母太郎也。ソレニ伝ヘテ父太郎ハ別ノ所ヲスコシヱテアリケル。父太郎ハ武者ガラユ、シクテ、イクサノ日モヌケ出テアハレ」とあるごとくであった。

国衡・泰衡兄弟の仲の善し悪しは判らないが微妙なものがあったとし、そこへいうならば招かざる客、義経が加わってくるとどうなるか。また、秀衡の他の息子たちの態度はどうであったか。文治三年当時、義経二十九歳。泰衡二十三歳（三十三歳説もあるが）、国衡はその上である。歳からいえば分別のある大人たちといえようが、それゆえに、何らかの事態出《しゅっ》来《たい》で考え方、意見などが割れたらどうなるであろうか。

ここで話を文治五年にちょっとだけ飛ばす。泰衡は結局、義経を攻め自害に追い込む。同年閏四月二十九日（『尊卑分脈』「略伝」）とも三十日（『吾妻鏡』）ともいう（『百練抄』は「四月晦日《みそか》」と伝える。文治五年四月は小の月、閏四月は大の月である〈『三正綜覧』〉)。それに先立ち、六男頼衡《よりひら》は二月十五日に泰衡に誅されたとあり(『尊卑分脈』)、また、三男忠衡《ただひら》は六月二十六日に「与州と同意」したという理由で誅されたと伝わる(『吾妻鏡』。『尊卑分脈』は「泰衡之を討つ」と記す)。特に秀衡死後に、その息子たちはどうやら反義経派と親義経派とに二分していったことは疑いない(あるいは、中立派というか、旗幟《きし》不鮮明者もいたか)。

以上を秀衡がこうした複雑な人間関係を熟慮した結果、兄弟融和は当然であるがなお強調せざるをえず、その上で義経を別格とし頂点に据え置く案になったとみるのはたやすい。しかし、私は、これでは当座の体制維持策にしかならないと思うので別な考えを探ってみた。

それは、戦時鎌倉(頼朝)対策として考えだされた結論と理解することである。そう考えるに至ったわけは以下の通りである。

およそ三軍を率いる大将はあらかじめ戦略を立て、その効果をあげるためにあらゆる戦術を駆使せねばならない。といって、大将は三軍の先頭に立って敵陣に突入してはならない。その意味でいうと、義経は優れた戦術家であっても戦略家ではなく、実は大将たる器ではないのである。

源平合戦期における義経の他の追随を許さぬ戦術家ぶり、奇襲を好むその勇猛さは頼朝の命により「軍士等の事奉行せしめんが為」義経に付けられた梶原景時《かじわらかげとき》(文治元年四月二十一日条）をはじめ鎌倉方武士の広く知るところであった。このような義経と敵対し、彼の戦法とまともに応戦したいと望む武士が鎌倉方にいたであろうか。表向きはともかく、本音はできれば避けたいものだ、であったろう。また、義経のこうした活躍ぶりは、平泉の武士たちも話として聞いたことはあったであろう。

この義経を邀撃陣の頂点に立てれば、鎌倉方を十分に牽制できる効果があると秀衡は踏んだに違いあるまい。こちらからは白河関を越えない。しかし、もし、鎌倉勢がそこを越えて奥州へ入ってきたら、手強い義経がどんな戦術で打ってかかるか、かつ、その背後には十七万騎と称する軍勢が控えている。

これが、秀衡遺言の核心であったと思う。そしてそれは、「三人一味（同心）」が保たれている限り効果があったはずである。

『義経記』を引用しても詮ないが、秀衡の遺言にも触れているので簡単に述べておく。

義経を主君に立ててなどはない。自分が死ぬと鎌倉殿は判官殿追討の宣旨・院宣を下し、それを果たせば常陸《ひたち》国を与えるというであろうが無視せよ。鎌倉から使者が来たらその首を切れ、三度切ればそれで止むはず。その後は、念珠《ねず》（念珠ヶ関。山形県温海《あつみ》町）・白河両関を国衡に守らせ、義経を大事にせよ、この遺言を守れば安泰だ、というのであった。しかし、泰衡のことは一切触れてはいない。

第四章　滅亡への道程

破滅は足早に近づいた

秀衡の死後、二年足らずで奥州藤原氏は百年の歴史を閉じることになる。本書の冒頭で述べたように、文治五年（一一八九）八月二十一日に平泉館は炎上し、泰衡は北方へ逐電した。まさに滅亡の決定的出来事であった。さらに、その泰衡は九月三日に郎従河田次郎の裏切りによって殺害され、奥州藤原氏は完全に滅んだ。

秀衡死去から滅亡までわずか一年十一ヶ月（文治五年に閏四月があった）と短期間であったが、左に掲げた表のように三区分して考えてみたい。

文治三年（一一八七）	十月二十九日	藤原秀衡死去	（Ⅰ）
文治五年閏四月三十日（一一八九）		源義経自害	（Ⅱ）
文治五年	七月十九日	鎌倉軍勢発向	
文治五年	八月二十一日	平泉館炎上	（Ⅲ）
文治五年	九月三日	藤原泰衡横死	

さて、この期間は、平泉と鎌倉（頼朝）および京都（院および貴族）との関係史にほかならない、といってよい。特に鎌倉の立場を考えるとその狙いはまず義経誅殺であるが、もう一つ、源氏相伝の宿意、奥羽制覇を遂げるために泰衡を討ち奥州藤原氏を滅ぼす絶好の機会にせんものとの案もめぐらせていたに相違ないであろう。

いうまでもないが、この期間についての拠るべき史料は『吾妻鏡』『玉葉』等が主であるにすぎないから、鎌倉や京都の動向は判明するが、平泉についての十分な情報は得られない現状であり、秀衡遺言とされる

「三人一味（同心）」体制が遵守されていたのか、うまく機能していたのか、など知りたいことは山々あるが答えはほとんど得られない。

表で判るように、第一期は比較的長いが、以後は急転直下滅亡に至る。以下、各時期に沿って平泉対鎌倉・京都関係史の展開を追っていく。

文治四年、外交戦の明け暮れ

第一期をなお文治四年末まで（一年二ヶ月）と同五年（五ヶ月）と前期・後期に分けよう。まず、第一期全期間について先にいっておくことは、この間に平泉対鎌倉の合戦は起きなかったという事実である。なぜかというと、その理由は頼朝側の以下の事情による。

文治四年早々、頼朝は亡母のため五重塔婆《とうば》を営造するし、その上、今年（文治四年）は頼朝数えの四十二歳で男の大厄《たいやく》、重厄《じゅうやく》の年に当たるので殺生を禁断する。だから、今年たとえ追討使に任命されても「私の宿意」を遂げることは一切できない。ただし、平泉方が来襲した場合はこの限りではない（かつて『玉葉』は秀衡が三人一味して頼朝を襲うはかりごとを策したと記したが、この種の噂は鎌倉にも伝わっていたのか）、と頼朝は京都へ申し送った（『玉葉』文治四年二月十三日条）。これは第一期前期の重大情報であった。

さて、『玉葉』の続きである。頼朝は、

仍《すなわ》ち公家より直ちに秀平法師の子息に仰せて、彼の義顕を召進せらるべきなり。且つは是れ彼の子息等、義顕と同意の由風聞す。其の真偽を顕《あら》わさんがためなり。

ともいう。従来からの経緯《いきさつ》もあるから、京都側としては頼朝からこういわれては黙殺はできない。早速、翌十四日付で宣旨が下る。

まずこういう。源義顕は文治元年比《ころ》、逆節《ぎゃくせつ》（反逆）を図り敗れ逃亡したので、全国に逮捕令を発した。風聞によると義顕はひそかに奥州に赴き、「先日の毀符《きふ》」（上記の逮捕令を毀《こぼ》つ＝こわす、無効とすることをいう）を勅命といつわり称し、辺民に相語り野戦を企てようとしている、と。とはいうものの具体的なことは全く判明しない。鎌倉襲撃を唱えたのか。そこで、

宜しく前鎮守府将軍秀衡子息等、彼の義顕幷びに同意の輩を追討せしむべし。若し綸《りん》言《げん》（天皇の仰せごと、詔）に背き、勲功存せずんば、須《すべか》らく同罪を与え官軍を遣わし征伐せしむべし。

と命ずる（『玉葉』二月十四日条）。ここでは義顕等追討と用語上であるが、強硬態度になっている。宣旨であれ院宣であれ京都で発せられたこの種法令は、直接かあるいは陸奥国衙を経てか平泉へもたらされたであろう。

三日後（十七日）、頼朝の「申状」が京都に届いたらしく問題になった。二通あり、うち

一通がここでの問題になる。内容は二点あり、㈠は秀衡法師子息に義顕召進を命令されたいということ、㈡は義顕改名の件がこの頃話題になっていたごとくで、頼朝は本名に戻すことに賛成していないらしいこと、などであった。

院の意向は、㈠についてはすでに十四日付で義顕等追討の宣旨を発したことが「頼朝の意趣（これは前述したように、文治四年は殺生をしない、義経追討をしないという頼朝の心中の考えをいうのであろう）」にそむくことになるかであり、㈡については改名に異議なく宣旨を早く擢《す》り改めるべきだという（改名は前出の「毀符」と関係ありと考えられる。義経とすれば義顕と自ら名乗ったわけではないから、その名を記した法令は無効だと主張することが可能であろう）。義顕を本名義経に戻すことである。二月十四日宣旨は「源義顕」と三度書いていた。

兼実は「件の泰衡、義顕と同意已に謀叛者たるの由言上、左右《そう》無く（とやかくいうことなく）追討使の由、宣旨に載せらるるは如何。但し已に下せらるるの宣旨を召し返さるるの条、又理に於て然るべからず」――ここにはじめて泰衡の名と立場の位置付けが明白になった――等々、以下、公家のいわば形式論めいた叙述が続くのでこの辺で止める。

改名の件は、以後、二月二十一日宣旨、同月二十六日院庁下文（四月九日条）、十月十二日宣旨（同月二十五日条）、十一月日院庁下文（十一月十一日条）などでは義経と記していたが、『吾妻鏡』本文は頑なに義顕・予州とこだわっていた。義経の名前のことはもう触れまい。

二十一日宣旨をみると、風聞によるというが「秀衡法師子息泰衡等は、彼の梟悪《きょうあく》（義経を指す）に与《くみ》し、すでに鳳銜《ほうがん》（詔）に背き、陸奥・出羽の両州を虜掠し、国衙・庄家の使者を追い出す」という。父の遺跡《ゆいせき》・祖跡を継いでわずか四ヶ月足らずの泰衡に右でいうことができたというのか。これは過去に遡って奥州藤原氏代々の歴史・所業を断罪しているとみるべきであろう。ただし、泰衡たちに同心の儀がなく義経を召進し、庄公使を受け入れ、朝章《ちょうしょう》（朝廷のおきて）に抵触しなければ、天譴《てんけん》（天のとがめ）を免れるし、近日中に官軍を派遣するので、共に義経を征伐すべし、とつけ加えている。二十六日の院庁下文も大同小異の内容である（四月九日条）。

三月下旬のこと。「勅使（太政官）官 史生国光《ししょうくにみつ》、院庁官景弘《かげひろ》等」が二十二日に出京し奥州へ、泰衡に予州を搦《から》めとるべしと命ずる宣旨（二月二十一日付）、院庁下文（二月二十六日付）を持参し遣わされた（二月二十九日、四月九日条）。また、十月二十五日にも「予州を追討すべきの由、（十二日付）宣旨状案文（鎌倉に）到着。正文は官史生奥州へ持ち向うべし」とあった。

平泉はどう対応したか。例の「三人一味（同心）」体制の反応など全く判らない。こういうことを重圧と感じたであろうが、しかし、ただちに指示に従ったわけではない。まだ呑気に考えていたわけではあるまい。あるいは内部での意見がまとまらず対立が次第に濃厚になっていったのかもしれない。

六月に入るとこういうことが起こった。しばらくの間、途絶えていたことが蘇ったのか「泰衡京進の貢馬・貢金・桑・糸等、昨日、大磯《おおいそ》駅に着」いたというのである。しばらくぶりのことであったとすると、鎌倉方は多分、虚を衝かれた思いに駆られたであろう。問題はこれらのものをどうするか、である。結論は「其の身（泰衡を指す）は反逆に与するといえども、有限の公物は抑留し難し」ということになった。記載はないが、京送止むをえず、になったと思われる（六月十一日条）。京都側の反応も不明。ただし、翌文治五年三月には、金が必要なのに「而して泰衡、空しく以て解怠《けたい》す。尤も奇怪《きっかい》の事なり。早く催し進ぜしめ給うべし。且つ又、国司に仰せられ畢んぬ」といいだしている（三月二十日条）。前年六月の貢金が未着だったとは思えないので、受け取ったがなお不足で図に乗って催促したのであろうか。文治四年六月の貢馬・貢金等は泰衡の計算ずくの行為であったかどうか。泰衡の京都懐柔を狙った精一杯の駆け引きであったか。

その後数ヶ月、十月・十一月と宣旨等が下されたが、事態は特に動いたこともなく、文治四年はこうして暮れた。

義経、最期の日来たる

第一期後半である。明けて文治五年、厄年も何事もなく過ごした頼朝である。いよいよ義経・泰衡等追討に踏み切るか。我々は知っている。義経の命運は五ヶ月後に尽きることを。

二月二十二日、頼朝は雑色時沢《ときさわ》を京都に遣わし「奥州住人藤原泰衡、義顕を容隠《ようい ん》せしむるの上は、同じく謀叛に与すると疑うところなからんや。御免を蒙《こうむ》り誅罰《ちゅうばつ》を加えんと欲す」をはじめ、義顕に同調する公卿の処分要求、比叡山《ひえいざん》僧兵が義顕に荷担するがごとき振る舞いがある由をいかにするのか、等々四項目を申入れている（同日条）。頼朝はついに決断した。

二月二十五日、雑色里長《さとなが》が「泰衡の形勢」をうかがうべく奥州へ派遣された。二十六日、去年、奥州へ遣わされた官史生守康《もりやす》（文治四年十二月十一日、京から下り鎌倉に参着したとあった）が上洛途中の今日、鎌倉に逗留、その申すには「予州の在所露顕、早く召進すべきの由、泰衡、請文に載せて言上すと云々」であったが、頼朝は信用しない。「此の事、泰衡の心中猶測り難し。固く義顕に同意するの間、先日、勅定に背きて、之を召進せず。而るに今一旦の害を遁れんがために、其の趣を載すといえども、大略は謀言か。殆んど信用する能わず」と判断した。この泰衡の請文は三月八日に京都に届けられた（『百練抄』同日条。『吾妻鏡』は九日〈三月二十日条〉）。

泰衡の態度は一時逃れの口実をいっているのか、本心なのか、頼朝の出方・心中を忖度しているのか、真意を量りかねているのか。

三月十日、院宣が下る。ここに前述したが「奥州貢金の事」がでてくる。京都側は全く無責任である。一方では頼朝からの圧力があるからとはいえ泰衡に義経を「召進」せよとか「追討」せよなどと勝手に命じ、他方では貢金を期待し届かなければ泰衡怠慢と責め立てることを平然と口にするからである。しかし、もはや、いくら催促し期待しても泰衡からの金は永久に届くことはなくなる。

頼朝は三月二十二日、閏四月二十一日と義経追討令発布を奏請する。京都側は言を左右して発布に踏み切れない――「そもそも伊勢遷宮（内宮遷宮は建久元年〈一一九〇〉、外宮は同三年に行われた〈「二所太神宮例文」『群書類従』所収〉）、并びに造東大寺（源平合戦で治承四年焼失、その後再建。大仏「開眼供養」は文治元年〈一一八五〉八月二十八日に行われた〈「『東大寺造立供養記」『群書類従』所収〉。その後も営造が続き『吾妻鏡』文治三年四月二十三日、同四年三月十七日、同五年四月二十二日各条に関連記事がみえる）は、我が朝第一の大事なり。而るに征伐に赴くの間、諸国は定めて静かならずや。然れば彼の両事の妨げに成るべし」という（『玉葉』閏四月八日条）。

今となっては想像するだけであるが、平泉には記録に残るだけではなくさまざまな鎌倉方の重圧が加えられたであろう。平泉側はそれにどこまで耐えられるか。それは泰衡の兄弟たちがどこまで一致団結していけるか否かに関わってくる。義経自身はどう考えていたのであろうか。実は『義経記』すら、秀衡没後の義経の動静については書いてはいなかった。全く何も伝わっていなかったからであろう。

そして結局、泰衡は義経を討つ道を選ぶ。それしか奥州藤原氏を生かす方法はないと判断したからに違いないが、それで矛《ほこ》を収める頼朝ではないと見抜けなかったがゆえに、泰衡は、奥州藤原氏は、奈落《ならく》に落ちていくのであった。

ついにその日が来た。閏四月三十日である。泰衡は「勅定《ちよくじよう》の任《まま》」に「二品《にほん》（頼朝のこと）の仰せに依」り「兵数百騎」をもって義経を衣河館に襲った。「与州の家人等、相い防ぐといえども、悉く以て敗績。予州、持仏堂に入り、先ず妻子を害《ころ》し、次に自殺す」という（同日条）。

『尊卑分脈』「略伝」は、『吾妻鏡』と一味違う内容を伝えているので引用しよう。

> 而して同（文治）四年十二月秀衡死去の後、同五年四月鎌倉より討手を泰衡に仰せ付けらるるの間、忽ち亡父の遺命に背き、累年の芳好を変じ、泰衡は則ち判官館に発向、仍りて判官の郎従等二十余人最後の防戦を致すも皆討死し了んぬ。文治五年閏四月二十九日平泉衣河館を焼き、遂に以て自害せしめ訖んぬ。三十一歳。

である。秀衡の遺命は存した。しかしその内容が今判ったところでもはや何の詮もない。

鎌倉勢発向まで

義経自害から二ヶ月半ほどの第二期である。閏四月三十日、平泉で何が起こったかを鎌倉方は知る由もなかった。

その出来事は頼朝にとって吉報となるが、その知らせは五月二十二日に届いたらしく、『吾妻鏡』同日条は以下のように記す。「奥州の飛脚《ひきやく》参着す。申して云う。去んぬる月の晦日（閏四月三十日）、民部少輔《みんぶしょう》（藤原基成、泰衡外祖父）の館に於いて与州を誅す。其の頸《くび》追って進ずる所なり」と。そして、その旨を飛脚をもって報告した。その知らせが京都に着いたのは二十九日で、九条兼実は「天下の悦《よろこ》び何事かこれに如《し》かんや。実に仏神の助なり。さてまた頼朝卿の運なり。言語の及ぶところにあらざるなり」とその日記に記した（『玉葉』同日条）。

六月八日も夜になってから、先月京都へ遣わした飛脚が鎌倉に帰参して京都側の意向を伝えている。

　義顕誅罰の事、殊に悦び聞こしめすの由、院の仰せ候ところなり。兼ねて又、彼の滅亡の間、国中定めて静謐《せいひつ》（太平）せしめんか。今は弓箭を櫜《ふくろ》すべきの由、内々申すべきの旨其の沙汰いたし候。

と（同日条）。京都側にすれば、鎌倉がうるさくいい立てていた義経の件が、平泉で、奥州藤原氏の手で始末されたので一安心、これ以上、東日本を巻き込む合戦騒動は御免だという思いであったろう。

十三日、泰衡の使者新田《にった》冠者《かじゃ》高平《たかひら》が「予州の首を腰越浦に持参、事の由を言上」し首実検が行われた。「事の由」、泰衡の口上を述べたのであろうが、それが何であれ、もはや頼朝は聞く耳を持ってはいない。

「奥州の泰衡、日来、与州を隠容するの科《とが》、已に反逆に軼《すぐ》るなり。仍りて之を征せんが為、発向せしめ給うべきの間、御旗一流調達すべきの由」とは二十四日の頼朝の行動であった。二十五日、頼朝は「奥州の事、なお追討の宣旨を下さるべきの由、重ねて京都に申」し入れた。頼朝は、いささか焦りはじめてきたようである。今こそ源氏相伝の「宿意」を果たす機会が来たと痛切に思いはじめたに違いない。代々の源氏の誰もが成しえなかった偉業を我こそが達成できると、頼朝は心中、奮い立っていたに相違ない。

翌二十六日、平泉での事件が鎌倉に伝わる。このことは前述したが、「奥州に兵革《へいかく》（合戦）有り。泰衡、弟泉三郎忠衡年二十三を誅す。是れ与州に同意するの間、宣下の旨有るに依りてなり」と。奥州藤原氏内部、泰衡兄弟間の内紛である。もはや、兄弟融和を願った秀衡の遺言は完全に無視された。残った兄弟たちは、平泉の未来についていかに考えたのであろうか。問いかけても答えは返ってこない。

平泉町柳之御所跡発掘調査（平成二年度）で出土した折敷《おしき》（四方を折りまわし縁をつけた角盆、または隅切盆をいう）に墨書が認められ、その釈文は「人々給絹日記」で、絹支給の目録だという。秀衡の子息たちの名も並記されているが、三男忠衡の名は見当たらない由で、前述した記事からの推測も加えてであろう、忠衡は早くから兄弟の中でも疎外されていたのではないか、という向きもある。秀衡から疎外されていたとしたら義経に同調しそうにもないし、この折敷に名がないことから国衡・泰衡に疎外されていたとすることはもとよりできない。紹介にとどめる。

二十七日、「此の間、奥州征伐沙汰の外他事なし」。ここに前述したが大庭景能なる古老が登場し、奥州征伐実施何ら問題なしと頼朝に知恵をつけたので（三十日）、ついに七月十九日「巳《み》の刻（午前十時）、二品、奥州の泰衡を征伐せんがため発向し給う」「凡そ鎌倉出の御《おん》勢《ぜい》一千騎」が北へ向かった。

泰衡の最期

第三期は、あっという間に終る。合戦次第は省略し、二、三の事柄を述べ本章を終りとしよう。

まず、泰衡の頼朝宛の助命嘆願についてである。これは『吾妻鏡』文治五年八月二十六日条に詳しい。その日の「日の出」頃、一人の男が頼朝の宿所（頼朝はすでに平泉に入っている）付近をうろつき、一通の書状を居所に投げ入れた。その書状の表に「進上鎌倉殿侍所、泰衡敬白」とあった。泰衡から頼朝宛の書状である。

伊予国司の事は、父入道扶持《ふじ》し奉り訖んぬ。泰衡全く濫觴《らんしょう》（ことのはじまり）を知らず。父亡き後、貴命を請け誅し奉り訖んぬ。是れ勲功と謂うべきか。而して今罪無くして忽ち征伐有り。何故ぞや。これにより累代の在所を去り、山林に交わり、尤も以て不便なり。両国は已に御沙汰たるべきの上は、泰衡に於ては免除を蒙り、御家人に列せんと欲す。然らずば、死罪を減ぜられ遠流《おんる》に処せらるべし。若し慈恵を垂れ、御返報有らば、比内《ひない》郡（秋田県北部）辺に落し置かるべし。その是非に就いては帰降し走せ参ずべし。

とあった。今、我々が一読しいかなる感慨を催そうと全く無駄である。当の頼朝は何も感じない。比内郡辺の徹底的な探索を命ずる。

九月二日、頼朝は岩手郡厨河柵《くりやがわのさく》（盛岡市）へ向かった。そこは前九年の役で「祖父将軍（具体的にいえば頼義で、頼朝はその五代後、ここでは先祖の将軍の意）」が安倍貞任等の首をとったところであるから、その先例に則り「当所に到り泰衡を討ち其の頸を獲るべきの由」と内々に思案したというのである。

次は泰衡の最期の様子である。泰衡は逃げまくり数代の郎従であった河田次郎を頼り、肥《ひ》

（比）内郡《ない》贄柵《にえのさく》（秋田県大館市）に着いたが変節した河田次郎によって殺害され梟首《きょうしゅ》（さらしくび）された。河田は「此の頸を二品に献ぜんが為、鞭を揚げて（急いで）参向」したという。しかし、頼朝は、まだこのことを知らない。

六日、河田次郎は主人泰衡の頸を頼朝のもとへ届けた。しかし、鎌倉方の面々は泰衡の顔を誰も知らないので、捕虜となっていた赤田次郎に首実検をさせたところ間違いなしと判明した。そこで河田の処遇である。

汝の為すところ、一旦は功あるに似たりといえども、泰衡を獲るの条、もとより掌中に在るの上は、他の武略を仮すべきにあらず。而して譜第《ふだい》の恩を忘れて主人の首を梟す。科《とが》すでに八虐《はちぎゃく》（『律』で定めた支配秩序をゆるがす諸罪。謀反・謀叛などの八罪。恩赦の対象からも除外）を招くの間、抽賞し難きに依り、後輩を懲《こら》さしめんがため、身の暇を賜わるところなり。

という頼朝の意向によって、河田次郎は斬罪に処された。

続けて『義経記』の末尾「秀衡が子共御追討の事」から以下を紹介しておく。

かくて泰衡は判官殿の御首持たせ、鎌倉へ奉る。頼朝仰せけるには、「そもそもこれ等は不思議の者どもかな。頼みて下りつる義経を討つのみならず、これは現在頼朝が兄弟と知りながら、院宣なればとて、左右《そう》なく討ちぬるこそ奇怪なれ」とて、泰衡が添へて参らせたる宗徒《むねと》の侍二人、その外雑色、下部《しもべ》にいたるまで一人も残さず首を斬りてぞ懸けられける。

である。『吾妻鏡』では、義経首級を届けた平泉方使者を鎌倉で処刑したと記してはいない。記録洩れとも思えない。『義経記』の記事は、河田次郎の件を知った後世の者が、義経首級の場合でも頼朝ならこういうことを平気でいい出すのではないかと想像し創作したと考えたい。

ともかく、泰衡は頼朝との合戦でも全く勝負にならなかったし、政治的駆け引きでも到底問題にならなかったことが知られたであろう。敗因をなお挙げれば、源氏の執念深さ——代々の宿意——にも求められよう。奥州藤原氏は滅びるべくして滅んだ、ともいえよう。

頼朝は泰衡の首級をいかに扱ったか。前九年の役の結末の康平五年（一〇六二）九月に、安倍貞任の首を長さ八寸の鉄釘で打ちつけ梟首した例に倣うことにした。しかも、康平五年時の梟首に関わった人々の子孫に命じ前と同じように梟首させたというのである。すなわち、前回関与した横山経兼《よこやまのつねかね》の曾孫時広《ときひろ》に命じてその息時兼《ときかね》が梶原景時から泰衡首級を受け取り、梟首は前回行った経兼郎従惟仲《これなか》の子孫七太広綱《しちたひろつな》を召し出させたのである。鉄釘を打ちつけたのも同様である（九月六日条）。まことにおそれ入った御念の入れ方であったとしかいえないであろう。金色堂に現存する伝《でん》忠衡首級には眉間に鉄釘を打ちつけられたあとがあるので泰衡首級と確認されている。

奥州藤原氏百年の歴史はついに幕を下ろしたのである。その終焉を見届けた奥州藤原氏ゆかりの人の消息の一片を『吾妻鏡』が伝えていた。それを最後の話題にしよう。

故秀衡入道の後家《ごけ》今に存生す。殊に憐愍《れんびん》を加うべきの由、葛西兵衛尉清重《かさいひようえのじようきよしげ》、伊沢左近将監《いざわさこんしようげん》等に仰せ付けらると云々。両人は奥州惣奉行たるに依りてなり。

とあった。建久六年（一一九五）のことである（九月二十六日条）。「故秀衡入道の後家」といえば民部少輔藤原基成の娘で泰衡の母であった人に違いなかろう。文治三年（一一八七）十月二十九日に夫は死去、その直前、夫から兄弟融和のため義理の息子である国衡の妻になるよういい渡された。秀衡のその遺命に従ったとしても、国衡は文治五年八月十日の合戦中に討死、息子泰衡も九月三日郎従の裏切りによって殺された。

泰衡の享年を二十五歳とすると永万元年（一一六五）生まれになる。その母なる女性は父が平治の乱（一一五九）に連座して陸奥国へ流されてから秀衡の妻になったのであろう（泰衡享年三十五歳説によると誕生は久寿二年〈一一五五〉。秀衡との結婚は父の陸奥守三任の仁平二年〈一一五二〉十二月三十日〈『兵範記』〉以後となろう）。泰衡（享年二十五歳説）が彼女の十八歳前後の頃の子であったとすると文治五年には四十代前半であったことになる。彼女のその後は、杳《よう》として判らない。

第五章　金色堂に眠る歴代

光堂三代の棺

平泉の中尊寺といえば金色堂が名高い。その謂《いわ》れをいくつか挙げてみよう。

㈠は平泉文化を象徴する中尊寺・毛越寺・無量光院等の堂塔伽藍のうちで、金色堂は現存する数少ない遺構の一つであること。

㈡は人口に膾炙《かいしゃ》する芭蕉の「五月雨《さみだれ》の降《ふり》のこしてや光堂《ひかりどう》」（『おくのほそ道』）の句が、光堂、つまり金色堂への関心をいっそうそそるからであろうこと。

㈢は金色堂内陣中央、螺鈿《らでん》をちりばめた須弥壇《しゅみだん》（仏像を安置する台座）の下に、奥州藤原氏四代の遺体（泰衡首級も現存しているので四代になる）が納められており、八百年以上という長い歳月に耐えて現在に伝わっていること（念のため繰り返すと、清衡死去は大治三年〈一一二八〉、秀衡死亡は文治三年〈一一八七〉、泰衡は同五年に死去）。

芭蕉の句に光堂とあった。『おくのほそ道』本文にも「光堂は三代の棺《ひつぎ》を納め」と記してあった。

なぜ、光堂なのか。この堂が建立された時（前述したが天治元年〈一一二四〉建立と記された「金色堂棟木墨書銘」が発見されている）、この堂固有の堂名は付されず、単に御堂《みどう》と呼ばれ、あるいは金箔をふんだんに使ってあるために光堂とも呼ばれたのではなかろうか、といわれている。それがいつしか金色堂と呼ばれるようにもなったと思われるが、金色堂初見は前述してあるが安元二年（一一七六）であった（秀衡が亡父基衡の二十年忌に当たり追善写経をした三月十六日、その経典奥書に〝関山中尊寺金色堂〟とあった）。

歴代の遺体についてであるが、清衡をはじめ三代が没した後で遺体に何らかの処置を施して棺に納め金色堂内に安置したという記録はないし、文治五年の「注文」においても中尊寺側は遺体の件については堅く口をつぐみ、いささかも洩らしてはいない。また、泰衡首が忠衡首として金色堂に残った事情についても闇のなかである。とにかく、金色堂は阿弥陀堂でありながら奥州藤原氏三代のいわば葬堂にもなって現在に至っている（泰衡の首級については、三代の遺体の扱いとは全く異質であったので、ここでは三代といった）。

なお、金色堂と固有の堂名が付されても、光堂という言い方は江戸時代においても生きていた。

遺体をみた――江戸時代の記録

さて、以下では上記㈢に関連させ、昭和二十五年（一九五〇）三月に実施された遺体の科学的調査に先立つ時代――江戸時代――において、遺体を観察したり簡単な調査をしたりしたなどという記録が残っているので、それらを紹介することにした。

江戸時代の話は、以下の著書が伝えている。佐久間《さくま》義和《よしかず》『奥羽《おうう》観蹟聞老志《かんぜきもんろうし》』（享保《きょうほう》四年（一七一九〉）の「金色堂」、相原友直『平泉雑記《へいせんざつき》』（安永二年〈一七七三〉）巻三の「金色堂三代棺（十四、巻三の十四節の意。以下「十四」とする）」「光堂物語（十五）」、関連記事「又（十六）」「又（十七）」等々である（以上『史料編』）。ただし、『平泉雑記』（十四）には『奥羽観蹟聞老志』「金色堂」の項から引用もされているので、以下ではもっぱら『平泉雑記』に拠って話を進めたい。

本項はいささか長くなるが、この種の話、平泉関係の書物にあまり取り上げられていないように思われるのですべてに触れることにした。金色堂に眠る遺体の歴史は地元でしか語り継ぐものはいないのだから、それを粗末にすべきではないと考えたからである。

ここであらかじめ断っておくことがある。詳細は後述するが、従来、寺仏では金色堂内の基衡棺・秀衡棺とされてきた棺、もちろん、遺体もであるが、実は、昨今、それは逆であったとすることが正しいとなった。念のためいえば、基衡棺は秀衡棺、遺体もである。秀衡棺は基衡棺、遺体もとするということである。以下、①〜⑤を紹介する際、一々訂正するのも原文を損なうし、また、表記の仕方によってはいっそう煩雑になるおそれがあるので、原文のままにして使った。以下は右に記したことを念頭に置いて読み進めてほしいと申し上げておく。

ところで、『平泉雑記』巻三の「十四」から「十七」までは年代順に配されているわけではないので、右の番号順での叙述は避けあらためて年代順に並べて、どういう事態が展開したかを追うことにした。まず、年代順表を作って示しておく。

①天正年中（元年〈一五七三〉～二十年〈一五九一〉）……………（十五）
②後水尾天皇寛永年中（元年〈一六二四〉～六年〈一六二九〉）……（十四）
③寛文元年（一六六一）五月下旬～十一月下旬……………………（十六）
④元禄十二年（一六九九）八月………………………………………（十五）
⑤元文三年（一七三八）八月…………………………………………（十七）

光堂物語㈠

①については「十五」の末尾近くに「是よりさき天正年中（一五七三～九一）の事とかや、衆徒之僧数人彼死《かのし》骸《がい》を見たりしに、其人々或は短命、或は盲目となりし事偽《いつわり》なき事也と云伝へり。光堂物語終」とあった。これは中尊寺に伝わる言い伝えであり本当のことだと強調されている。

棺を開けたのは、多分事実であったろう。それは必要あってか、あるいは興味本位であったのか。今となってはいずれとも知る由もないが、必要あってなら、たとえば棺を新調・修理などするためなら止むをえないし、そのため祟りを受けるのでは職人はたまったものではないだろう。そうなると僧侶たちが興味本位でついついにということの可能性の方が大きいかと思える。したがって今後の対策が必要になるであろう。対策とは、みだりに棺を開けて中をのぞくとすぐ死ぬぞとか、目が見えなくなるぞなどと言い立て、後世への戒めとすることである。

金色堂三代棺

②は「後水尾朝寛永《ごみずのおちょうかんえい》年中（同天皇在位は慶長《けいちょう》十六年〈一六一一〉三月二十七日〜寛永六年〈一六二九〉十一月七日まで）、黄門《こうもん》（伊達）政宗君ノ治世（仙台藩主伊達政宗の治世は天正十二年〈一五八四〉〜寛永十三年〈一六三六〉まで）」の出来事であったという。平泉は仙台藩領である。

とにかく仙台藩が寛永年中（元年から六年までの間）に金色堂を修補し、同時に三代の棺および首函《くびばこ》の点検をしたというのである。しかし、金色堂のどこを修理したかの記述はみえない。

棺などの点検結果の記述は以下の通り。

「清衡棺　長さ六尺（約一八二センチメートル）、広さ（横幅）二尺（約六〇センチメートル）、之を裹《つつ》むに白綾《しらあや》を以てす。その体《てい》（『聞老志』は「上」、棺そのものを指す）を漆《しっ》し（うるしをぬる）雄剣《ゆうけん》一口並びに鎮守府将軍の印璽《いんじ》を納む（印璽がなぜここにあるのか後述）。

基衡棺　之（棺）を裹むに白絹《しらぎぬ》を以てしその体（上）を朱《しゅ》にす（朱をぬる）。白衣を襯《はだぎ》にし錦袍《きんぽう》（にしきの上着）を表にす（これは遺体の装束をいうのか）。
秀衡棺　之に同じくす。
和泉三郎忠衡が首函を蔵す。高さ二尺、方《ほう》一尺五寸（約四五センチメートル）、黒漆《こくしつ》（黒うるしぬり）」

などと記し、なお、秀衡棺中に刀二振《ふたふり》が納められていたともある。以上、棺の点検が主であったらしく、遺体状況に触れるところは少ないようである。

さて、清衡棺の中にあったとされる鎮守府将軍の印璽とは、大袈裟な表現である。印璽とは天皇・国家の印章で「公式令《くしきりょう》」天子神璽《しんじ》条では左の表のように定められていた（表中の「印影実測」は『岩波・日本思想大系3　律令』「公式令」補注四〇、公印による）。鎮守府将軍印は多分諸国印と同規格であったはずで「銅印」であったろう。

内印《ないいん》	（天皇御璽　方三寸）	印影実測（方）八・五センチメートル
外印《げいん》	（太政官印　方二寸半）	印影実測（方）七・〇センチメートル
諸司印	（省台寮 司等印　方二寸二分）	印影実測（方）六・六センチメートル
諸国印	（　方二寸）	印影実測（方）五・六～五・八センチメートル

なぜ、鎮守府将軍になったことのない清衡の棺にその印が入っていたのか。それは、実際に将軍になった秀衡がその印を持ち、その死後、その印を清衡棺へ入れたとしか考えられない。古代末あるいは中世に清衡

陸奥守・鎮守府将軍伝説が流布したようである。こうしたことの影響がここに現われたのであろうか。

実は相原友直は『平泉雑記』冒頭（巻一）で「鎮守府将軍」なる一項を設け、「藤原清衡・同基衡・同秀衡モ鎮守府将軍ニ任セラル」と述べていた。その根拠として「三代将軍ノ事、東鑑《あずまかがみ》巻九由利八郎カ梶原景時ニ答フル文ニ見ヘタリ」と注文を記す。これは『吾妻鏡』文治五年九月七日条に見えるところで、由利八郎がいった「故御館《みたち》（秀衡）は、秀郷将軍嫡流の正統たり。已上三代、鎮守府将軍の号を汲《な》む」を指している。秀衡は鎮守府将軍に確かに任ぜられたがその先二代にその事実はなく、平泉ではそう信じられていたというだけのことである。友直は事実と認めていたのでその印が清衡棺中にあったことにいささかの疑念も抱かなかったようである。

「南留別志」からの引用話

次に③である。これは「可成談《なるべしのはなし》に曰《いわ》く」とはじめる。これは荻生徂徠《おぎゅうそらい》（江戸中期の儒者。享保十三年〈一七二八〉没）著の「南留別志《なるべし》」巻二からの引用をいう（「南留別志は、邦語の懸《けん》断《だん》〈想像で判断する〉の辞なり。書中、句末に此の語多し、因りて命ず」という趣旨でなった「漫筆」で、宝暦《ほうれき》十一年〈一七六一〉五月、門人宇恵なるものが校訂し刻したという）。さてこの③は

「奇怪の物語」だという（「十六」を使うが、以下、括弧内は「南留別志」）。そもそもこの話は、乗馬に巧みな荒木十左衛門《あらきじゅうざえもん》（荒木氏何某）なる者が奥州へ遣わされた時、若藤杢左衛門《わかふじもくざえもん》なる人が乗馬を習うべく十左衛門について奥州まで行き、その際見てきたことを幼少の茂卿《もけい》（徂徠の字《あざな》）に語ったというのである。

友直は「愚《ぐ》（自らをいう）按《あんず》ルニ」として、公儀御目付役《こうぎおめつけやく》で、いわゆる伊達騒動《だてそうどう》（万治《まんじ》三年〈一六六〇〉生起）に関連してであろう寛文元年（一六六一）五月下旬御同役桑山伊兵衛《くわやまいへえ》と共に仙台着、そして同年十一月下旬に江戸帰着の人であったろうと推定した。

話はこうである。荒木氏が仙台着の「其の少し前」、多分寛文元年四月〜五月の交頃か、光堂の仏像の目に入れた金を盗んだものがいたので「僉議《せんぎ》（皆で相談する）するとて秀衡か棺をあばきたり」、棺を開けたというのである。

どうも解せない。「仏の目に入たる金」が盗まれたことの僉議の結果、なぜ、秀衡の棺を開けるのか、当然内部を調べることになるがそれはどうしてかという疑問を何人《なんぴと》も持つであろう。これだけで、奇怪、といわねばなるまい。それとも、その仏像の目の金は普段は秀衡棺内に納めておいて、何らかの仏事の折には取り出して仏像の目に入れることになっていたのであろうか。開けると祟りありとの噂が流布していたら恰好の隠し場所になるが、その種秘密情報とていつとはなしにこれも広まるのが常である。この辺で止めておこう。

秀衡棺を開けた。その続きの記事は、

棺五重はかり。外の棺は塗《ぬり》たり。内の棺は一重ハ桐の白木也。秀衡か死骸生《いけ》るかことし。歳の程五十余り。長《たけ》は中人《ちゆうにん》（より）少低《（しひくき）》也。髪ハ三寸はかり生《おい》たり。稗殻《ひえがら》のやうなる物にて棺を詰《つめ》たり。五百年はかり成《なる》に形の損せさるは、此物《この〔者〕》の徳《（たる）》にや。側に泉三郎か棺、是（は）したゝかなる晒頭《しやれこうべ》壱ッ有けるとぞ。

とあるが、仏像の目の金には触れていない。

さらに続けて、「秀衡か棺の内より枕一ッ、太刀一振出置て、国主の者共か十左衛門に見せたる也」と。李左衛門も見たのであろう。十左衛門たちが平泉まで出向いて秀衡の遺体を実際に見たかどうかは記述がない。彼の役目は別にあったのだからあえて平泉へ行く必要もなく、仙台で棺にあった枕などを見せられた折に遺体の状況を聞き多分それを記録し置き、それが幼い茂卿に語られやがて茂卿の手で記録され今日に伝えられたのであろう。

以上は、遺体がどうなっているかを今に伝える史料として最も古いものと思われる。

光堂物語㈡

④である。これこそ「光堂物語」の本筋である。友直は「嘗《かつ》て此の一冊を俗間に得て、しかして後に虚実を関山僧某に問」うたという。この一冊をどこで入手したか、書名はあるの

か、分量はどれほどか、等々の説明はない。「十五」の末尾に「光堂物語終」とあるところからすると、それが書名であったと思われよう。

虚実判定を尋ねられた僧は「此の説当《まさ》に取捨有るべし」と答えたという。真偽半ばす、というところであったか。友直は思うに『西京雑記《さいけいざっき》（全六巻、漢武帝《かんのぶてい》〈紀元前二世紀〉の逸話。西京〈長安〉の諸事を記す）』などにもこれに類した記事もあるので「則ち奇怪も亦之を捨てるに忍びず、故に今載せて以て同志の談柄《だんぺい》（話の種）を助」けることにしたとしてこの一冊を紹介するのであった。そして以下にその内容（仮名交じり文）を引用し「光堂物語終」に至るが、それまで七百四十二字を数えた。これで一冊か、と驚いたり疑念を抱く方もあろうかと思うが、おそらく一冊の全文であったといってもよかろう（ちなみに、前九年の役の顚末を記した『陸奥話記』〈漢文〉の本文字数は五千九百字ほど。この中公新書でいうと多く見積もっても十頁ほどでしかない）。

引用は「陸奥国岩井郡中尊寺村天台宗関山中尊寺光堂ハ、東鑑にハ金色堂と云り。内外金箔を押て其光甚《はなはだし》ク、故に俗に光堂とハ云り」とはじまる（『聞老志』は「按《あんずる》ニ金色堂は如今《じょこん》〈現在〉土《ど》人《じん》〈地元民〉の謂うところの光堂是れなり」という）。地元では金色堂より光堂の方が通りがよかったようである。

堂内に奥州藤原氏三代の「死骸棺に納《いれ》て仏壇の下なる板敷の上に置」いてあったが、「然るに星霜《せいそう》（年月）を歴ること久しく板敷朽損する」によって、その旨を仙台藩へ報告した。

その結果、元禄《げんろく》十二年（一六九九）より仙台藩が「破損修覆」することになり、御《お》作事《さくじ》奉行《ぶぎょう》遠藤《えんどう》四五右衛門《しごうえもん》等

中尊寺看《ママ》（貫）主浄心院　是れ、僧の名にして寺院の号にあらず
隣村小嶋村天台宗満福寺住持快専
中尊寺衆徒桜本坊（栄宗）

が派遣され「別に仮屋を建て仏像並びに棺を移し置」いた。修理関係の記述はこれだけであった。叙述の主眼は遺体にあったゆえ止むを得ないとしかいいようがない。

「此時《の》（修覆作業中）右の屍《しかばね》を潜《ひそか》に拝見したる者三人」がいたという。この三人を表示しておいた。彼らは中尊寺側からの工事立会人《たちあいにん》のごとき存在であったかもしれない。そして「此人々《の》の物語を記し置事《く》左の如し」と「光堂物語」の核心の記述になる。三人は三代の棺や遺体についてかなり詳しく観察したごとくである（以下、原文は「一、……」「一、……」と四項目を記述するが、順に通し番号を付した）。

㈠清衡の棺は中壇の下にあり、長さ六尺・幅三尺（②では「棺長六尺、広二尺」とあった）で黒漆塗り、「上ハ惣金」金箔押してある。遺体については「御死骸常の人にして長《たけ》ハ並人《なみびと》（ごく普通の人）よりハ大きなり。色少し白く見ゆる」と述べ、装束《しょうぞく》（死に装束）は白綾《しらあや》の小《こ》袖《そで》（あるいは「黄色の装束」とも）、錦《にしき》の直垂《ひたたれ》であった。棺中に太刀一振、鼻紙袋一つ、いろいろの書物（書名記載なし）、さらに鎮守府将軍の綸旨《りんじ》（これは将軍任命書のことであろう。鎮

守府将軍は勅任官であり、秀衡に宛てた後白河法皇発行の任命書か。②では将軍の印璽が納められていたとあった）などもあったと。

㈡基衡の棺は東北隅の仏壇の下にあり、棺の長さ・幅共に清衡棺と同じであるが、「朱漆（あるいは「朱塗り」）であった。死に装束も同じ。棺内に太刀や小道具がいろいろあったという。ただし「基衡御死骸」の状態についての記述は見えないが、㈣の記述後に少々の説明があるので後述する。

㈢秀衡の棺は西北の隅の壇の下にあり、「黒漆長幅前に同じ」、つまり棺は清衡棺と同じだという。棺内に「太刀・小道具あり」と記し終る。「御死骸」「装束」などは㈡の末尾に記した通りである。㈠・㈡・㈢と記述が進むにつれ簡略化がはげしくなる。

㈣秀衡棺の側に、黒漆塗りの高さ二尺・四方一尺五寸（この寸法は②と同じ）の首桶《くびおけ》があった。泉三郎忠衡の首というが、一説には泰衡首ともいわれるが書付がないので判らない、と記す。

以下は観察結果のまとめめいたことを述べるのであった。「右三代の棺・首桶ともに布をかけて堅地《かたじ》に塗たり」とまず記す。堅地とは漆塗りなどの下地を堅固に塗ったもの。三代「何れも白装束、錦の直垂《ひたたれ》・袴《はかま》」で「印《しるし》は三代各別」というが、どんなものかの説明はない。そして「面体《めんてい》（顔かたち）何れも常の人に異《ことな》らす。小鼻ひしけたり。何れ（も）長並人よりハ大きなり。何《いずれ》も結跏趺座《けっかふざ》なり」と記す。結跏趺座とは、あぐらを組んで足の甲で左右それぞれ反対側のももを上からおさえる形の（足の裏が上を向く）仏像などにみられる座り方をいう。これは解せない。こういう恰好では「長六尺幅三尺（なぜか棺の高さは出てこない）」の棺ではどうかと思う。この点については、遺体が錦袍などの衣類を着していたとして、それらを脱がせて手足の状況を子細に観察したわけではないので、当時の常識から結跏趺座と表現したのではないかという推定があることをいっておこう（森嘉兵衛氏「中尊寺遺体の文献的考証」『中尊寺学術調査最終報告』所収）。

③との比較であるが、秀衡の「長は中人少低也」とあったのに対し、④では三代一括して「何れ（も）長並人よりハ大きなり」という点が齟齬《そご》をきたしているが、これはどの場合でも物差しなどを使った形跡もなく目分量で見当をつけたらしいので結果もまちまちになったと捉えたい。

④に戻る。棺には清衡御死骸などと「唐様《からよう》（中国様の書風）」で書いた書付が添えられていたといい、「右少も虚言にあらす。必うたかふへからす」と結び、次行に「元禄十二年八月日」と記す。そしてさらに次行から、

右之人々桜本坊《おうほんぼう》ハ翌年死す。浄心院《じょうしんいん》は三年過て死す。快専《かいせん》は四十余歳なり。其の翌年狂乱になり、小嶋村を出て其行かたを知らす。

と奇怪話を紹介、続けて①の話を引いて「光堂物語終」とする。要するに、天正年中に遺体を見たものに下された祟りは、百年後の元禄年間にもなお解けてはいない、と強調しているのであった。しかし『史料編』には「桜本坊栄宗《えいそう》は七十九歳という当時山内では稀れな高齢での遷化《せんげ》（高僧が死ぬこと）。特に不審とするにあたらない」と、友直の怪奇譚に水を差す注文を付していた。とはいうものの、他の二人の未来は知る由もない。結局、みだりに棺を開け遺体を見ると祟りがあるという戒めが十七世紀末にも生きていた、といっておくことにしよう。

元文三年の調査から

最後の⑤である。これは元文《げんぶん》三年（一七三八）秋（八月）、「光堂ノコト江戸表ヨリ御尋ニ因テ、仙台ヨリ御《お》書上《かきあげ》ノ写《うつし》、左ニ載ス」という記録であった。尋ねられたのは以下の三件であるが、なぜこの三件かという理由についての説明はない。仙台藩からの回答内容からすると、江戸表では③・④を知っており――②も知っていた可能性も考えられる――その後の状況を知りたく問い合わせたようである。三件とは㈠奥州光堂の事、㈡秀衡の死骸の事、㈢泉三郎の棺の事、であった。以下、回答文である。

㈠については光堂の所在地から説く。回答のなかにはすでに我々が知っていることも含まれているのでそれは省き、今まで（①〜④）のことと関係する記述のみを取り上げておく。(イ)金堂に仏像は十一体あったが、本尊阿弥陀像は百年余り前に盗まれたという。その時期は②の頃になるが②にその説明はなく、今回もそれだけの記述で済ませている。(ロ)仏像の目に入れる金が盗まれたということ（③に見えていた）については、現在、寺には伝わってはいない（「不二承伝一候」）とのことであった。こういう回答からすると、幕府は過去のことを把握しており、その後どうなったのかと尋ねたということだけは知られたであろう。

(ニ)である。まず、先年、三代の死骸を中尊寺の老僧たちが内見したところ損傷はなかったと伝わっているという。問題はこの先年とはいつのことか、である。棺も遺体も共に損傷がないとすると、この文の続きの「元禄年中」（これは④の場合）では秀衡棺損傷をいうから、それ以前、我々の知る限りでは②か①かであろう。いえることはここまでである。

次は「元禄年中」の記述である。光堂修理のため仮屋を建て三代の棺を移し、その時も「金色院（(一)に「光堂の別当、金色院と申し候」とある）一覧仕候《つかまつりそうろう》」であり、棺と遺体との観察記録を記す。

　秀衡の棺はかり朽候故か四方へ放れ開き申候。板厚壱寸程（約三センチメートル強）にて内外ともに漆にて塗《ぬり》、上を金箔にて濃申《あつみもうし》候。（中略）清衡・基衡棺は破れ申さず候故、棺中見申さず候。右二ツの棺ハ木地を金箔にて濃申候由《に》御座候。

と棺の状態を述べる。三代の棺のうちで一番新しいとされていた秀衡の棺が最も損傷著しいというのである。安置された場所の条件によってなのか、あるいは開け閉め（盗難等もふくめて）した回数が最も多かったので、ついつい乱暴な扱いをうけたせいであったろうか。

次は秀衡の遺体について「皮肉ハ骨へ乾付《かわきつき》色薄黒く、髪ハ白く一寸程生候様に見《え》へ、長ハ中人程にも見へ申候。年齢ハ見分り申さず候」とあった。

㈢については、秀衡棺の側に「泉三郎首桶」が絹一端ほどで巻き包み置いてある。これは晒頭であるが包の内は光堂の僧も見届けてはいないという。

さらに、三代の棺にあった太刀三振は光堂に納めてあり、枕があるということは伝わっていないとも付け加えて終る。

以上が天正年間から元文三年までのほぼ百五十年の間に残った光堂・金色堂、というより三代の棺・遺体等の見聞録であった。現実にはこれら以外に各棺を開けることもあったであろうが、記録に残らなかっただけといえよう。

①から⑤までの記録にあって不審に思うことは、②で清衡棺内に「鎮守府将軍ノ印璽」が入っていたのに、④になると「鎮守府将軍の綸旨」にすり替わっていることである。印璽・銅印が綸旨・紙片に化けた。まさか、インジ・リンジ、実物からはなれ言葉だけで生じた間違いでもあるまいと思いたいが、妙な話であった。本項はいささか長くなった。この辺で打

ち止めにしたい。

昭和の遺体調査結果から

奥州藤原氏四代の遺体学術調査は、昭和二十五年三月二十三日から三十一日まで行われ、その調査報告は『中尊寺と藤原四代』（朝日新聞社編、以下で引用の際は「中間報告」と略記）として同年八月三十日に発行された。

爾来、奥州藤原氏研究は同書に依拠するところすこぶる大であった。しかし、調査終了から報告書刊行までわずか五ヶ月という短期間であったことを考えると、同書はとりあえずの概報ないしは中間報告であったといわざるをえないであろう。

果たせるかな、調査委員各氏の「最終報告書」が昭和三十年に執筆されていたのである。しかしこれらは各調査委員と限られた関係者だけに配布されたにすぎず、公開されないまま人の眼に触れることもなく長い年月のみが経過していった。この「最終報告書」の存在に気づかれたのが現中尊寺仏教文化研究所主任の佐々木邦世氏であり、氏は八方手を尽し同報告書を収集され、その御努力が実って平成六年七月に中尊寺から『中尊寺御遺体学術調査　最終報告』（以下で引用の際は「最終報告」と略記）として上梓された。

「中間報告」は半世紀も前の刊行物、「最終報告」は奥付によると限定出版で非売品の由、従って現在残念ながら両書とも読者の眼に触れる機会は決して多くはないと思われるが、こうした貴重な調査報告書が存在するという事実だけでも知っておいてほしいと願う。

そこで以下では両書を通じて清衡・基衡・秀衡三代の遺体調査の結果としての各人の体格・血液型・死因に至る疾患・死亡推定年齢等々を紹介することに努めたい。

しかしその前に、昭和二十五年の学術調査実施に際し調査委員各位が共通して抱いていたと思われる問題点について述べておく。それはまた、当時の歴史学（日本古代史）の水準をも物語ることになるであろう。

問題点は二点あったと思われる。第一点は奥州藤原氏は日本人か蝦夷《えぞ》か、ということである。周知の通り古代の奥羽には蝦夷が蟠踞《ばんきょ》しており、そのえぞとはアイヌにほかならないと考えられていたからである。第二点は藤原氏といえば大織冠《たいしょくかん》鎌足を先祖とする名門中の名門貴族であるから、それをみちのくの片田舎、平泉の豪族が藤原清衡などと名乗るのは名門を僭称したのではないかという嫌疑をかけられていたことである。

まず第二点から取り上げる。『尊卑分脈』にも奥州藤原氏は鎌足の後裔として収められていたが、もし同氏が蝦夷《えぞ》だとなるとやはり僭称という結論になってしまうであろう。しかしこの第二点についてはもはやここで云々する必要はあるまい。本書でもすでに述べたが、奥州藤原氏は紛れもなく藤原鎌足の末裔であることは確実視されるに至っている。

これで第一点も「奥州藤原氏＝日本人」で解決済になるはずであるが、なお若干論じておくことがある。昭和二十五年頃、「蝦夷＝えぞ＝アイヌ説」が主流というか幅を利かせていた。なかんずく岩手県などは歴史的にいって蝦夷《えぞ》の本場であるから、奥州藤原氏もその可能性大とみられていたのであろう。

詳細は省くが、「えぞ＝アイヌ説」に対して「えぞ＝辺民説＝非アイヌ説」が唱えられるようになる。つまり、えぞとは日本列島北東部の辺境住民・辺民を指す蔑称でありアイヌをいうわけではないという説で一時有力になった。しかし、これで終りになったわけではない。

奥羽の北方に住む人に対してのえぞという言葉の使用は、今のところ十二世紀半ばが最も古い例であることが知られ、このえぞこそがアイヌであり表記は引き続き蝦夷が使われた。それ以前の史料に出てくる蝦夷はえみし（あるいは「えびす」）と呼ばれ区別されるが、実はこれもアイヌではないかと考えられている。その根拠は奥羽地方におそくとも七世紀末頃までにはアイヌ語地名が広範に分布したこと、北海道で独自に製作がはじまった土器の類も奥羽で出土すること（時期は四、五世紀～七世紀前後）等々の事情を勘案すると、「蝦夷＝えみし＝アイヌ説」が新たに有力になってきている（拙著『蝦夷』中公新書、参照）。

先に奥州藤原氏は日本人で解決済になるはず、と何やら歯切れの悪い言い方をしたが、それはこういう問題が残っていたからである。これもすでに周知の通りであるが、清衡は藤原経清を父とし安倍頼時娘を母として生をうけた。母方の安倍氏の出自が何であるかが問題になるのである。安倍氏は日本人か蝦夷《えみし》＝アイヌか、である。これに、史料から正確な判断を下すのは難しい。前九年の役に関し中央側の諸記録では安倍氏を俘囚《ふしゅう》と記す。俘囚とは蝦夷の一形態を示す用語である。一方『陸奥話記』では安倍氏を俘囚とは一切いわない。もし、安倍氏が間違いなく俘囚・蝦夷《えみし》だとなると、清衡は日本人と蝦夷との混血児ということになる。

安倍氏について「酋長《しゅうちょう》（尊経閣本『陸奥話記』。『今昔物語』は「酋ノ長」）」「東夷酋長（群書類従本『陸奥話記』）」などと記されていたし、清衡は「供養願文」で自らを「東夷の遠酋」「俘囚の上頭」等と称した。といって以上から安倍氏も清衡も蝦夷《えみし》であったとの判断を下すわけにもいかない。後々、「おくのえびすもとひら」（ちなみに基衡妻は安倍頼時の孫娘で、秀衡母であったろう）とか「奥州夷狄秀平」などと中央側はいった。これとて事実は問題ではなく奥州藤原氏の勢力・財力などに対するひがみやらねたみから、奥州人一般への蔑称を使ったにすぎないと思われるので、判断基準にはならない。

以下、本論に入る。清衡・基衡・秀衡三代の遺体（ミイラ）の状況についてである。三代のミイラが人為的に作られたのか自然になったのかについては調査当初から意見の対立があったという。遺体を詳細に調査しても腹壁を切開してあるいは肛門から内臓を取り出したと

		（享年）	（太陽暦）
清衡	大治三年七月十六日	七三	八月二十日
基衡	保元二年三月十九日		五月六日
秀衡	文治三年十月二十九日		十二月七日
泰衡	文治五年九月三日	三五（二五）	十月二十一日

いうような跡はなく、理化学的検査によっても何ら特別の物質も検出されなかったという。そして、

盛夏に死亡した清衡は保存状態が最も悪く、晩春の基衡はこれにつぎ、初冬の秀衡が最も良い。このように遺体の保存状態が死亡した季節と深い関係がありそうにみえるのは、ミイラが自然の所産と考えるのに有利である。……このように自然の所産と考えると、清衡を初めすべての遺体が、自然の楽な姿勢で仰臥していたことも、なんとなく理解されそうに思える。

といわれている（鈴木尚氏「藤原四代の遺体」「最終報告」所収）。

ちなみに、三代の没年月日とその太陽暦への換算（『三正綜覧』による）とを示しておく（なお、「中間報告」にも「ミイラの完全不完全と、死亡時期の暖寒の影響如何とを照合すると、旧十月二十九日である冬季死亡の秀衡の屍が最も完全にミイラとなり、旧三月十九日の春に死亡した基衡の屍は、頸と足首から先とが骨になったのみで、その他の部分は完全なミイラである。しかし真夏の旧七月十六日死亡の清衡の屍は、半ばが骨となってミイラの製作に失敗している」と報告されていた。以上の二報告書での基衡・秀衡の遺体については、調査当時の寺伝に従ったという）。

次に血液型である。「中間報告」では、

清衡AB—基衡A—秀衡AB—泰衡（伝忠衡）B

となっていたが、基衡と秀衡とが取り違えられていることが判明したので、

清衡AB—基衡AB—秀衡A—泰衡B

と訂正されたが、いずれにしてもこれらの型は親子として矛盾はないという（古畑・岡島・清水各氏「藤原四代のミイラの血液型」「最終報告」所収）。

右で傍点を付したところは「基衡・秀衡遺体錯誤問題」ということになり、調査当時から言及されていたごとくである。こういうことである。金色堂内、中央壇に安置されている清衡は全く何ら問題が生じない。ところがその左右壇に安置される二代目、三代目について疑問が提示されたのである（次頁は朝比奈貞一氏「理化学的調査VI　建物の方位」に拠る。「最終報告」所収）。古くは正和二年（一三一三）十二月の「大衆訴状別紙」に「金色堂は一間四面、中壇は阿弥陀の三尊、二天地蔵、清衡の建立なり。左の壇は基衡の建立なり。右の壇は本尊同じ秀衡の建立なり」とあった（『奥州平泉文書』）。これは堂内より外部に向かって左右を指しており左基衡壇は西北、右秀衡壇は西南に存することになる。この左右を堂に向かってとすると右は西北の秀衡壇、左が西南の基衡壇と逆転する。寺伝は前者の解釈を踏襲していたごとくである（すでに紹介してあるが、『平泉雑記』引用「光堂物語」では、中央壇清衡、東北、右

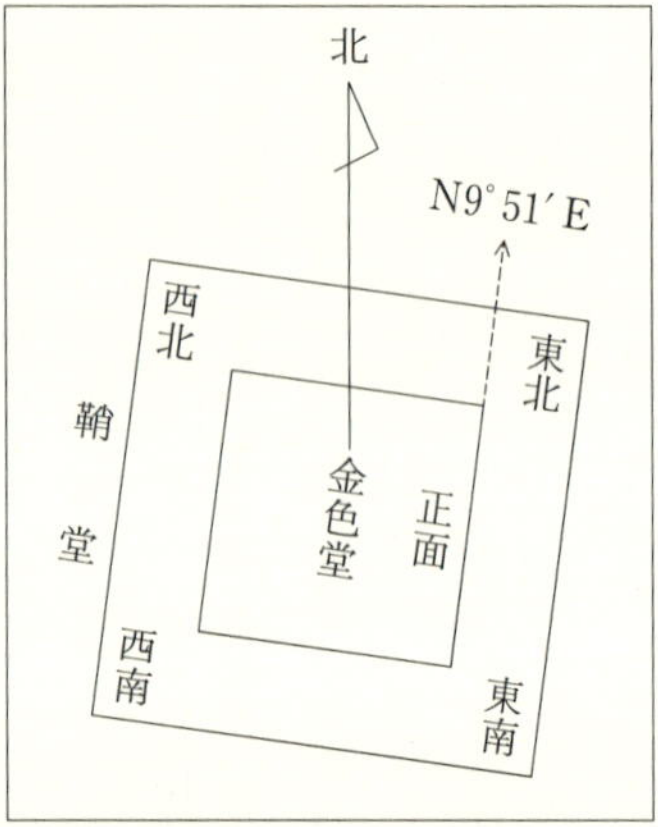

奥が基衡、西北、左奥を秀衡としていた）。

ところが、「基衡・秀衡遺体錯誤問題」は学術調査に先立って、清衡中央壇の左右両須弥壇の香《こう》（格）狭間《はざま》、中尊の阿弥陀像および両脇侍等を比較すると、向かって左の三代秀衡壇は初代清衡壇についで様式が古様であるのに反し、向かって右の二代基衡壇はこれに劣る点が認められるので二代・三代両壇現称は逆であろうという説が出されていたという（つまり、現称では、製作順は、清衡壇・秀衡壇・基衡壇になるわけである。石田茂作編『中尊寺大鏡』昭和十六年）。

この視点をさらに発展させた研究が「最終報告」に掲載されている。それによると秀衡壇天井裏から発見された金棺残片、基衡・秀衡両壇の天井と基衡棺の様式との関連、その他等々により、伝基衡壇（西北壇）を（遺体・金棺を含めて）秀衡壇と改める、伝秀衡壇（西南壇）を（遺体を含めて）基衡壇と改めるとした。そして伝忠衡首級は泰衡のものと改め西北壇が正しいとなった秀衡棺の側に据えること等が論証された（毛利登氏「棺内遺品及び基衡、秀衡の錯誤について」「最終報告」所収）。これをうけて中尊寺では、旧来の寺伝を訂正したことを永く証するため、西北壇(伝基衡壇)の白木外棺側面に「秀衡公　内棺銅版銘記(昭和二十五年新調の内棺の銅版銘で「基衡公棺」とあった由)ハ寺伝ニ基ク」と墨書し、同壇内の首桶外棺には「伝忠衡公　昭和廿五年学術調査ノ結果　吾妻鑑ニ拠リ　泰衡公ノ首級タルヲ立証シ得タリ」と断定、西南壇(伝秀衡壇)内の外棺には「基衡公……」と墨書されたという(「最終報告」解説)。

さて、三代の遺体から、それぞれの生前の顔形や体型などを復元できるであろうか。実はこうした試みはすでに行われており、その結果は「中間報告」「最終報告」両書に見えるところである。ただし両書共基衡壇と秀衡壇とについては寺伝のままでの調査結果を発表しているようなので、この点は逆になるという新しい結果を尊重し以下ではそれに従う。

調査結果は二度発表されていた。当然、後の「最終報告」の方が先に出た「中間報告」より、各分野にわたって非常に精密になっている。特にレントゲン学による調査で死因の特定に結果を示しており貴重である。しかしながら、遺体の肉眼的観察記録と身体の各部位ごとの詳細な調査結果とでは、率直にいって我々の受ける印象は大分違うのである。

「中間報告」のすべてが前者だとはいわないが、三代の遺体のうちで最初にその棺を開けたのは秀衡の場合であったという(「最終報告」に収録されている「御遺体調査日記」によっても、遺体調査は、寺伝による秀衡・基衡・清衡の順であったという。くどいようだが、これは基衡・秀衡・清衡の順となる)。

その開棺に立会った作家大仏次郎《おさらぎじろう》氏は「私は、義経の保護者だった人の顔を見まもっていた。云々」と感慨を書いておられた(「中間報告」所収「北方の王者」)。これはまさに肉眼的観察記録にほかならなかった。ただしこれは人違いで実は基衡であった。私は今、大仏氏の心情を慮ると、その記録を基衡のこととして、ここに再録することは遠慮したい。

以下、主として「最終報告(鈴木尚氏前掲論文、長谷部言人氏「遺体に関する諸問題補考」その他)」から三代の遺体の状況やら顔形・体型等々復元についてを述べていく(時に応じ「中間報告」も使う)。

まず清衡から。身長は一六〇センチメートル。遺体の保存状態は悪くほとんど白骨化していた、という。顔は頬骨《ほおぼね》の秀でた比較的短い顔(「中間報告」では「五角形の短い顔」)、鼻筋は通っている由。納棺当時の姿勢を推定すると頭にはくくり枕(括枕。中に綿またはそば茶がらなどを入れ、両端をくくってこしらえた枕)をあて仰臥しており、上肢(手)は白骨になっていたが多分伸ばしていたであろう。右手の五本の指はよくそろえて伸ばしていた(同上、「手の形は小さく、華奢である。伸したままの指は細くて、すんなりし、爪の形も細長い」)。上腿《じょうたい》(もも)は開き下腿(膝《ひざ》と足首との間)は膝で強くまげ軽く足を組んだ形であった(同上、「生前は四肢の筋がよく発達していたようである」)。また、ひどく痩せていたとみられる、という。

ところで清衡の左腕・左大腿骨をレントゲン撮影したところ、極めて顕著な骨萎縮像《こついしゅくぞう》が認められ、脳溢血《のういっけつ》あるいは脳栓塞《せんそく》、脳腫瘍《しゅよう》のごとき病変が右側に発し、その結果左側に半身不随を招来したと診断された。

その発病の時期については、永久五年（一一一七）頃から元永二年（一一一九）頃にかけて筆写納経が施主清衡の北方《きたのかた》（妻）平氏によって行われていることに注目し（「高野山蔵中尊寺経・奥書」『奥州平泉文書』）、この頃清衡はすでに発病して半身不随症となり快方に向かう兆なきに焦慮した北方が仏陀の加護を祈念しての納経ではなかったかと想像されるという報告もある。そうであれば、天治元年（一一二四）八月の中尊寺金色堂建立の儀はもとより、同三年のいわゆる「中尊寺伽藍建立供養」の盛儀にも参列不可能であったことはまず疑いないという推定に行き着くのである。

それでは「注文」にいう「一病も無くして合掌し仏号を唱え、眠るが如く閉眼し訖んぬ」とはいかにして生まれた言い伝えであったのか。清衡の晩年における悲惨な病状、加えて息子たちの不和・確執の危機などは隠すべくもなく人の知るところであったろう。まことに気の毒な最期であった。いつしか、それではあんまりだ、その最期は奥州藤原氏の開祖らしく平穏大往生であったと美化して伝えようとなっていったのではないだろうか。これも清衡伝説（清衡を陸奥守や鎮守府将軍に祭り上げることと心情的には同じであるだろう）の一端であったに相違ない。

　歯についてはカリエス・歯槽膿漏《しそうのうろう》ありで（基衡・秀衡にも認められるという。また、この点から「アイヌ的特徴」は否定されている。歯については、前掲古畑・岡島・清水三氏「藤原四衡の歯について」）、歯の状態から七十歳以上と見られる由で（基衡・秀衡に比べると、清衡の歯は一番いいとされている。「中間報告」も七十歳以上とする）、史料より知られる七十三歳死亡説は支持されよう。

　次は基衡である（西南壇秀衡遺体が基衡であった）。身長は一六四センチメートル。顔は長く顎《あご》は張っている。鼻は高く鼻筋が通っている。太く短い首・上肢・下肢共に伸ばしたまま少しく開き加減にし、あたかも昼寝をむさぼっているかのような状態で仰臥していた（枕は箱枕〈箱形の木枕。上に括枕をのせる〉で芯木のみが残っていたという）。その右手首の皮膚には数珠玉の跡がくっきり二列に並んでいた。幅が広くて厚い胴、生前ははなはだ肥満型、腹はよく突き出していたと思われる（この遺体は伝秀衡遺体であった。手首に数珠を二重にかけたのは秀衡入道に相応しいとの判断根拠になっていたようである）。

　この跡については、高血圧、浮腫《むくみ》の発来が考えられ腎《じん》疾患、心機能不全などが想像されるが、これらと関係して肥満型体質なる点を合わせ考えれば、脳溢血のごときであまり臥床せず死亡したとも考えられないことはない、ともいわれている。あの清原実俊がいった「夭亡」が不慮の死あるいは急死などの場合をいっているなら右の考え方を首肯したい。死亡時の年齢は六十〜七十歳くらい、あるいは七十歳前後ともいう（「中間報告」も七十歳前後としていた）。

秀衡である（寺伝による西北壇の基衡遺体が秀衡となる）。身長は三代のうちで一番高く、一六七センチメートルあるという。遺体の保存状態は良好で生前の体型を知るに十分であったと。栄養状態良好。顔は頬はこけていないのみか、口からあごの後にかけて皮膚にゆるみがあり、生前はかなり豊頬《ほうきょう》であったろう（「中間報告」は「しもぶくれの福々しい顔にみえる」）。太く短い首（枕は稗殻を芯に織りの粗い薄い平絹で包み、俗にいう坊主枕の形に作ってあったという）、よく発達した胴と胸幅が広く、腰から下が比較的小さいので全体として肩幅を底辺とし足を頂点とする三角形をなしていた（同上、「いわゆる、いかり肩である」）。

肥満型で、右側上下肢に軽度の骨萎縮のレントゲン像があることから考えると右側に半身不随あり、長期病臥し衰弱した状態で死去したとは考えられず、脳溢血、脳栓塞等のごときもので急死したに相違ないという。没年齢は五十〜六十歳（あるいは、五十五〜六十歳）と判定されるともいう（同上、五十〜六十歳くらい）。『吾妻鏡』には秀衡の死に関し「日来、重病」とあった。それは右にあった半身不随の日々が続いたことをいうのであったろうか。そしてある日、突如として死去したとなる。

調査結果の没年齢で清衡の場合七十歳以上と出ていたが、それは史料による七十三歳死亡説を裏付けることになった。では、残る二人はどうであったろうか。基衡の場合はすでに述べた通り（第二章3の「基衡時代、合戦で開幕」）、彼の誕生年推定結果と遺体調査結果七十歳前後説とはほぼ一致する可能性が認められた。

秀衡の没年については文治三年説（『吾妻鏡』『玉葉』）と同四年説（『尊卑分脈』）とがある。没年齢は諸説あるも確実といえるものはないようである（数字のみあげると六十六、九十二）。要するに、秀衡の場合は調査結果と史料とがうまく結びつかないのである。

残るは伝忠衡首級。これは第四頸椎《けいつい》で斬首された首級で保存状態はよく、顔はほとんど生前そのままのようであるという。丸顔、豊頬でいかにも若々しい。しかし、頭や顔には多数の切創《きりきず》や刺創《さしきず》がみられる。また、眉間の左寄りに円形の二ミリほどの孔が認められこれは後頭部の同大の孔に対応し、太い鉄釘のようなものを眉間から打ち込まれたと推定されるという。このことが、梟首された泰衡首と考える有力な証拠になった。没年齢は歯のレントゲン調査の結果等から二十〜三十歳と推定されるが二十五歳くらいと判断されている。

以上が、昭和の学術的調査結果からの私のまとめである。

そして、これで長かった私の歴史叙述も幕にしたい。

あとがき

私はすでに、中公新書に『蝦夷《えみし》』（昭和六十一年五月）、『蝦夷の末裔』（平成三年九月）の二冊を上梓、東北地方の古代史を平安時代は後半、十一世紀後半代まで叙述した。

三冊目に奥州藤原氏の百年の歴史を描けば、私の東北古代史は完結するはずであった。二冊目上梓以後、その意欲を私が持っていたことは、今に残る当時の古いノートが伝えてくれている。平成三年暮れの一日、岩手県江刺市の「豊田城址」を三十数年ぶりに再訪していたし、ノートには同四年にかけて折節に書き入れた今後検討を要する問題点などについての覚え書きがかなり残っていた。しかし、私の奥州藤原氏の歴史は未完のまま今日に至った。

なぜ、完成しなかったのであろうか。結局、〝書くことは容易《たやす》い〟が、しかし〝いかに書くべきか〟にあれこれ思いを巡らせながら、これぞという叙述の仕方を考えつかなかったことに帰着する、と今にして思うのである。それには理由があったといえる。詳しくは触れないが、私はそれまでに二回、奥州藤原氏の歴史や文化について執筆、刊行していたのである。従って、その歴史を三度目として〝書くことは容易い〟ことなのであるが、類書も少なくないこともあり、〝いかに書くべきか〟にこだわったのである。しかしながら、結局のところ、私自身が納得しうる叙述法を思いつかず、中断、挫折したままになっていたのである。

ところで、昨年十月初め、中公新書編集部の並木光晴氏から御電話があった。それは、『蝦夷の末裔』の続編となる奥州藤原氏の歴史を執筆し、私の東北古代史を完結させては、ということであった。だが、『蝦夷の末裔』執筆から今日まで十年という長い歳月が流れていたことでもあるし、前述した十年前の計画が挫折した思いもあって即答いたしかね、しばしの猶予を願った。それは、またしても〝書くことは容易いが、いかに書くべきか〟の難問に直面することになるからであった。しかし、いたずらに遅疑逡巡《ちぎしゅんじゅん》し時を過ごすわけにはいかない。そこで、次のように決断した。

一般に、歴史といえば起源から終末に至るいわば直線的な叙述、通史の形式をとる場合が多いが、それは避けることにした。

本書では、まず、奥州藤原氏の場合、はっきりしているその終末、滅亡の情景を取り上げ（第一章）、次いで、総論としてそれに至るまでに奥州藤原氏三代ないし四代が共通してかかわった歴史現象別、あるいは事項別の多角的な歴史叙述に本書の半分近くの紙幅を割き（第二章）、続いては、以上では取り上げなかった三代の余話、こぼればなしを追加（第三章）、そして、叙述は輪を一巡りした形で再び同氏の滅亡、最期に至る道程を述べて終らせる（第四章）という試みにしようと考え実行した。

さらに、奥州藤原氏といえば、なお、次のことも触れないわけにはいかないであろう。それは、今に中尊寺金色堂に眠る四代の遺体（ただし、四代泰衡の場合は首級のみ）についてである。

現在では、これについて従来にも増して「貴重な情報」が知られるようになってきているので、当然、それらをも取り上げなければならない。しかし、その前に、類書がほとんど触れない江戸時代における各遺体、またそれを納めた棺《ひつぎ》などの、いうならば見聞記録――それは文章のみで絵図などは伝わってはいないようである――も若干残っているので、それらの紹介もしておくことにした。

「貴重な情報」は、昭和二十五年実施の遺体学術調査についての『中尊寺御遺体学術調査最終報告』（中尊寺、平成六年。なお、同書公刊に至る経緯は第五章に述べてある）から得られる。学術調査報告書としてはすでに『中尊寺と藤原四代』（朝日新聞社、昭和二十五年）が刊行されているが、右の「最終報告」でより詳細な調査結果が知られ本書の最終章（第五章）を飾ることができた。

私は、今回の執筆の際に、「最終報告」を同書公刊に格別の御努力を尽くされた中尊寺の佐々木邦世氏から御恵与賜った。ここにあらためて佐々木氏に深甚の謝意を呈したい。

こうして、中公新書における私の東北古代史三部作が完結したことになる。
最後になってしまったが、その機会を与えて下さった並木光晴氏に対し感謝の意を表わし、擱筆する。

平成十三年八月

高橋　崇

高橋 崇（たかはし・たかし）

1929年（昭和４年），静岡県に生まれる．1953年，東北大学文学部国史学科卒業．文学博士．専攻，日本古代史．東北大学助教授，岩手大学教授などを歴任．2014年死去．
著書『律令官人給与制の研究』（吉川弘文館）
『蝦夷』（中公新書）
『坂上田村麻呂』（吉川弘文館）
『律令国家東北史の研究』（吉川弘文館）
『蝦夷の末裔』（中公新書）
『藤原秀衡』（新人物往来社）
『古代東北と柵戸』（吉川弘文館）
『藤原氏物語』（新人物往来社）
ほか

奥州藤原氏《おうしゅうふじわらし》
中公新書 *1622*

2002年１月25日初版
2021年11月20日４版

著 者 高橋 崇
発行者 松田陽三

本文印刷 三晃印刷
カバー印刷 大熊整美堂
製 本 小泉製本

発行所 中央公論新社
〒100-8152
東京都千代田区大手町 1-7-1
電話 販売 03-5299-1730
編集 03-5299-1830
URL http://www.chuko.co.jp/

Published by CHUOKORON-SHINSHA, INC.
Printed in Japan ISBN978-4-12-101622-5 C1221

日本史